I0752346

LES

SCYTHES,

TRAGÉDIE.

PERSONNAGES.

HERMODAN, Pere d'Indatire, habitant d'un Canton Scythe.

INDATIRE.

ATHAMARE, Prince d'Ecbatane.

SOZAME, ancien Général Persan, retiré en Scythie.

OBÉÏDE, Fille de Sozame.

SULMA, Compagne d'Obéïde.

HIRCAN, Officier d'Athamare.

SCYTHES & PERSANS.

LES

LES SCYTHES,

TRAGÉDIE.

Par M. DE VOLTAIRE.

NOUVELLE ÉDITION,

Corrigée & augmentée ſur celle de Genève.

A PARIS,

Chez LACOMBE, Libraire, quai de Conti.

M. DCC. LXVII.

AVEC APPROBATION ET PERMISSION.

ÉPITRE DÉDICATOIRE.

IL y avait autrefois en Perse un bon vieillard, qui cultivait son jardin, *car il faut finir par là; & ce jardin était accompagné de vignes & de champs;* & paulum silvæ super his erat; *& ce jardin n'était pas auprès de Persépolis, mais dans une vallée immense entourée des montagnes du Caucase couvertes de neiges éternelles; & ce vieillard n'écrivait ni sur la population, ni sur l'agriculture, comme on faisait par passe-temps à Babilone, ville qui tire son nom de* Babil; *mais il avait défriché des terres incultes, & triplé le nombre des habitants autour de sa cabane.*

Ce bon homme vivait sous Artaxerxes, plusieurs années après l'aventure d'Obéïde & d'Indatire, & il fit une Tragédie en vers Persans, qu'il fit représenter par sa famille & par quelques Bergers du mont Caucase, car il s'amusait à faire des vers Persans assez passablement, ce qui lui avait attiré de violents ennemis dans Babilone, c'est-à-dire, une demi-douzaine de gredins qui aboyaient sans cesse après lui, & qui lui imputaient les plus grandes platitudes, & les plus impertinents livres qui eussent jamais deshonoré la Perse, & il les laissait aboyer, & grifonner, & calomnier; & c'était pour être loin de cette racaille, qu'il s'était retiré avec sa famille auprès du Caucase, où il cultivait son jardin.

Mais, comme dit le Poëte Persan Horace, principibus placuisse viris, non ultima laus est. *Il y avait à la cour d'Artaxerxes un principal Satrape, & son nom était Elochivis, comme qui dirait habile, généreux & plein d'esprit, tant la Langue Persane a d'énergie. Non-seulement le grand Satrape Elochivis versa sur le jardin de ce bon homme les douces influences de la cour, mais il fit rendre à ce territoire les libertés & franchises dont il avait joui du temps de Cyrus; & de plus, il favorisa une famille adoptive du vieillard. La Nation sur-tout lui avait une très grande obligation de ce qu'ayant le département des meurtres, il avait travaillé avec le même zele & la même ardeur que Nalrisp, Ministre de paix, à donner à la Perse, cette paix tant desirée; ce qui n'était jamais arrivé qu'à lui.*

Ce Satrape avait l'ame aussi grande que Giafar le Barmécide, & Aboulcasem; car il est dit dans les Annales de Babilone recueillies par

Mir Kond, que lorſque l'argent manquait dans le tréſor du Roi, appellé l'Oreiller, Elochivis en donnait ſouvent du ſien, & qu'en une année, il diſtribua ainſi dix mille Dariques, que Dom Calmet évalue à une piſtole la piece. Il payait quelquefois trois cents dariques, ce qui ne valait pas trois aſprés, & Babilone craignait qu'il ne ſe ruinât en bienfaits.

Il y avait un autre grand Satrape, & ſon nom était Nalriſp; il joignait auſſi au goût le plus ſûr, & à l'eſprit le plus naturel, l'équité & la bienfaiſance. Il faiſait les délices de ſes amis, & ſon commerce était enchanteur; de ſorte que les Babiloniens, tout malins qu'ils étaient, reſpectaient & aimaient ces deux ſatrapes, ce qui était aſſez rare en Perſe.

Il ne fallait pas les louer en face; recalcitrabant undique tuti*: c'était la coutume autrefois, mais c'était une mauvaiſe coutume qui expoſait l'encenſeur & l'encenſé aux méchantes langues.*

Le bon vieillard fut aſſez heureux pour que ces deux illuſtres Babiloniens daignaſſent lire ſa Tragédie Perſanne, intitulée les Scythes. *Ils en furent aſſez contents. Ils dirent qu'avec le temps ce Campagnard pourrait ſe former; qu'il y avait dans sa rapsodie du naturel & de l'extraordinaire, & même de l'intérêt; & que pour peu qu'on corrigeât seulement trois cents vers à chaque Acte, la Piece pourrait être à l'abri de la censure des mal-intentionnés.*

Cette indulgence ragaillardit le bon homme, qui leur était bien respectueusement dévoué, & qui avait le cœur bon, quoiqu'il se permît de rire quelquefois aux dépens des méchants & des orgueilleux. Il prit la liberté de faire une Epitre dédicatoire à ses deux Patrons en grand style, qui endormit toute la Cour & toutes les Académies de Babilone, & que je n'ai jamais pu retrouver dans les Annales de la Perse.

PREFACE.

ON fait assez que chez des Nations polies & ingénieuses, dans de grandes Villes comme Paris & Londres, il faut absolument des Spectacles Dramatiques: on a peu besoin d'Elégies, d'Odes, d'Eglogues; mais les Spectacles étant devenus nécessaires, toute Tragédie, quoique médiocre, porte son excuse avec elle, parcequ'on en peut donner quelques représentations au Public, qui se délasse par des nouveautés passageres, chefs-d'œuvres immortels dont il est rassassié.

La Piece qu'on présente ici aux Amateurs, peut du moins avoir un caractere de nouveauté, en ce qu'elle peint des mœurs qu'on n'avait point encore exposées sur le Théâtre tragique. Brumoy s'imaginoit, comme on l'a déja remarqué ailleurs, qu'on ne pouvait traiter que des sujets historiques. Il cherchait les raisons pour lesquelles les sujets d'invention n'avaient point réussi; mais la véritable raison est que les Pieces de Scudéri & de Bois-Robert, qui sont dans ce goût, manquent en effet d'invention, & ne sont que des fables insipides, sans mœurs & sans caracteres. Brumoy ne pouvait deviner le génie.

Ce n'est pas assez, nous l'avouons, d'inventer un sujet dans lequel, sous des noms nouveaux, on traite des passions usées & des événements communs. *Omnia jam vulgata.* Il est vrai que les Spectateurs s'intéressent toujours pour une Amante abandonnée, pour une

Mere dont on immole le Fils, pour un Héros aimable en danger, pour une grande passion malheureuse; mais s'il n'est rien de neuf dans ces peintures, les Auteurs alors ont le malheur de n'être regardés que comme des Imitateurs. La place de Campistron est triste; le Lecteur dit: Je connaissais tout cela, & je l'avais vu bien mieux exprimé.

Pour donner au Public un peu de ce neuf qu'il demande toujours, & que bientôt il sera impossible de trouver, un Amateur du Théâtre a été forcé de mettre sur la Scene l'ancienne Chevalerie, le contraste des Mahométans & des Chrétiens, celui des Américains & des Espagnols, celui des Chinois & des Tartares. Il a été forcé de joindre à des passions si souvent traitées, des mœurs que nous ne connaissions pas sur la Scene.

On hazarde aujourd'hui le tableau contrasté des anciens Scythes & des anciens Persans, qui, peut-être, est la peinture de quelques Nations modernes. C'est une entreprise un peu téméraire d'introduire des Pasteurs, des Laboureurs avec des Princes, & de mêler les mœurs champêtres avec celles des Cours.

Mais enfin cette invention théâtrale (heureuse ou non) est puisée entiérement dans la Nature. On peut même rendre héroïque cette nature si simple; on peut faire parler des Pâtres guerriers & libres, avec une fierté qui s'éleve au-dessus de la bassesse que nous attribuons très injustement à leur état, pourvu que cette fierté ne soit jamais boursouflée; car qui doit l'être?

Le bourfouflé, l'empoulé ne convient pas même à Céfar. Toute grandeur doit être fimple.

C'eft ici en quelque forte l'état de nature, mis en oppofition avec l'état de l'homme artificiel, tel qu'il eft dans les grandes Villes. On peut enfin étaler, dans des cabanes, des fentiments auffi touchants que dans des palais.

On avait fouvent traité en burlefque cette oppofition fi frappante, des Citoyens des grandes villes avec les Habitants des campagnes, tant le burlefque eft aifé, tant les chofes fe préfentent en ridicule à certaines Nations.

On trouve beaucoup de Peintres qui réuffiffent dans le grotefque, & peu dans le grand. Un homme de beaucoup d'efprit, & qui a un nom dans la littérature, s'étant fait expliquer le fujet d'Alzire, qui n'avait pas encore été repréfentée, dit à celui qui lui expofait ce plan : *J'entends, c'eft Arlequin Sauvage.*

Il eft certain qu'Alzire n'aurait pas réuffi, fi l'effet théâtral n'avait convaincu les Spectateurs que ces fujets peuvent être auffi propres à la Tragédie, que les aventures des Héros les plus connus & les plus impofants.

La Tragédie des Scythes eft un plan beaucoup plus hazardé. Qui voit-on paraître d'abord fur la Scene? Deux Vieillards auprès de leurs cabanes, des Bergers, des Laboureurs. De qui parle-t-on? D'une fille qui prend foin de la vieilleffe de fon pere, & qui fait le fervice le plus pénible. Qui époufe-t-elle? Un Pâtre, qui n'eft jamais forti des champs paternels. Les deux

Vieillards s'asseient sur un banc de gazon. Mais que des Acteurs habiles pourraient faire valoir cette simplicité!

Ceux qui se connaissent en déclamation & en expression de la Nature, sentiront sur-tout quel effet pourraient faire deux Vieillards dont l'un tremble pour son Fils, & l'autre pour son gendre, dans le temps que le jeune Pasteur est aux prises avec la mort; un Pere affaibli par l'âge & par la crainte, qui chancelle, qui tombe sur un siege de mousse, qui se releve avec peine, qui crie d'une voix entrecoupée qu'on coure aux armes, qu'on vole au secours de son Fils; un ami éperdu qui partage ses douleurs & sa faiblesse, qui l'aide d'une main tremblante à se relever: ce même Pere qui, dans ces moments de saisissement & d'angoisse, apprend que son Fils est tué, & qui, le moment d'après, apprend que son Fils est vengé: ce sont là, si je ne me trompe, de ces peintures vivantes & animées qu'on ne connaissait pas autrefois, & dont M. le Kain a donné des leçons terribles qu'on doit imiter désormais.

C'est là le véritable art de l'Acteur. On ne savait guères auparavant que réciter proprement des Couplets, comme nos Maîtres de Musique apprenaient à chanter proprement. Qui aurait osé avant Mademoiselle Clairon jouer dans Oreste la Scene de l'Urne comme elle l'a jouée? qui aurait imaginé de peindre ainsi la Nature, de tomber évanouïe tenant l'Urne d'une main, en laissant l'autre descendre immobile &

ſans vie? qui aurait oſé, comme M. le Kain, ſortir les bras enſanglantés du tombeau de Ninus, tandis que l'admirable Actrice qui repréſentait Sémiramis, ſe traînait mourante ſur les marches du tombeau même? Voilà ce que les Petits-Maîtres & les petites Maîtreſſes appellerent d'abord *des poſtures*, & ce que les Connaiſſeurs étonnés de la perfection inattendue de l'Art ont appellé des tableaux de Michel Ange. C'eſt là en effet la véritable action théatrale. Le reſte était une converſation, quelquefois paſſionnée.

C'eſt dans ce grand art de parler aux yeux, qu'excelle le plus grand Acteur qu'ait jamais eu l'Angleterre, M. Garrik, qui a effrayé & attendri parmi nous ceux-mêmes qui ne ſavaient pas ſa langue.

Cette magie a été fortement recommandée il y a quelques années par un Philoſophe, qui, à l'exemple d'Ariſtote, a ſu joindre aux Sciences abſtraites, l'éloquence, la connaiſſance du cœur humain, & l'intelligence du théâtre. Il a été en tout de l'avis de l'Auteur de Sémiramis, qui a toujours voulu qu'on animât la Scène par un plus grand appareil, par plus de pittoreſque, par des mouvements plus paſſionnés qu'elle ne ſemblait en comporter auparavant. Ce Philoſophe ſenſible a même propoſé des choſes que l'Auteur de Sémiramis, d'Oreſte & de Tancrede, n'oſerait jamais hazarder. C'eſt bien aſſez qu'il ait fait entendre les cris & les paroles de Clitemneſtre qu'on égorge derriere la Scene: paroles qu'une Actrice doit prononcer d'une voix auſſi terrible que douloureuſe, ſans quoi tout eſt manqué. Ces paroles faisaient dans Athènes un effet prodigieux ; tout le monde frémissait, quand il entendait, *o teknon ! teknon ! Oikteiré ten tékousan.* Ce n'est que par degrés qu'on peut accoutumer notre Théâtre à ce grand pathétique.

> Mais il est des objets que l'art judicieux
> Doit offrir à l'oreille, & reculer des yeux.

Souvenons-nous toujours qu'il ne faut pas pousser le terrible jusqu'à l'horrible. On peut effrayer la Nature, mais non pas la révolter & la dégoûter.

Gardons-nous sur-tout de chercher dans un grand appareil, & dans un vain jeu de Théâtre, un supplément à l'intérêt & à l'éloquence. Il vaut cent fois mieux, sans doute, savoir faire parler ses Acteurs, que de se borner à les faire agir. Nous ne pouvons trop répéter que quatre beaux Vers de sentiment valent mieux que quarante belles attitudes. Malheur à qui croirait plaire par des pantomines, avec des solécismes ou avec des vers froids & durs, pires que toutes les fautes contre la langue. Il n'est rien de beau en aucun genre que ce qui soutient l'examen attentif de l'homme de goût.

L'appareil, l'action, le pittoresque font un grand effet sans doute : mais ne mettons jamais le bizarre & le gigantesque à la place de la nature, & le forcé à la place du simple ; que le Décorateur ne l'emporte point sur l'Auteur : car alors au lieu de Tragédies, on aurait la *rareté*, la *curiosité*.

La Piece qu'on ſoumet ici aux lumieres des Connaiſſeurs eſt ſimple, mais très difficile à bien jouer; on ne la donne point au Théâtre, parce qu'on ne la croit point aſſez bonne. D'ailleurs preſque tous les rôles étant principaux, il faudrait un concert, & un jeu de théâtre parfait, pour faire ſupporter la piece à la repréſentation. Il y a pluſieurs tragédies dans ce cas, telles que Brutus, Rome ſauvée, la Mort de Céſar, qu'il eſt impoſſible de bien jouer dans l'état de médiocrité où on laiſſe tomber le théâtre, faute d'avoir des écoles de déclamation, comme il y en eut chez les Grecs, & chez les Romains leurs imitateurs.

Le concert unanime des Acteurs eſt très rare dans la tragédie. Ceux qui ſont chargés des ſeconds rôles ne prennent jamais de part à l'action, ils craignent de contribuer à former un grand tableau, ils redoutent le parterre trop enclin à donner du ridicule à tout ce qui n'eſt pas d'uſage. Très peu ſavent diſtinguer le familier du naturel. D'ailleurs, la miſérable habitude de débiter des vers comme de la proſe, de méconnaître le rhythme & l'harmonie, a preſque anéanti l'art de la déclamation.

L'Auteur n'oſant donc pas donner *les Scythes* au théâtre, ne préſente cet ouvrage que comme une très-faible eſquiſſe, que quelqu'un des jeunes gens qui s'élevent aujourd'hui pourra finir un jour.

On verra alors que tous les états de la vie humaine peuvent être repréſentés ſur la Scène tragique, en obſervant toujours toutefois les bienſéances ſans leſquelles il n'y a point de vraies beautés chez les Nations policées, & sur-tout aux yeux des Cours éclairées.

Enfin, l'Auteur des Scythes s'est occupé pendant quarante ans du soin d'étendre la carriere de l'art. S'il n'y a pas réussi, il aura du moins dans sa vieillesse la consolation de voir son objet rempli par de jeunes gens qui marcheront d'un pas plus ferme que lui dans une route qu'il ne peut plus parcourir.

NB. *Les tirets — qu'on trouvera dans les vers, indiquent les pauses, les silences, les tons ou radoucis, ou élevés, ou douloureux, que l'Acteur doit employer, en cas que cette faible tragédie soit jamais représentée.*

LES SCYTHES,

TRAGÉDIE.

ACTE PREMIER.

SCENE PREMIERE.

(Le théâtre représente un bocage & un berceau, avec un banc de gazon : on voit, dans le lointain, des campagnes & des cabannes.)

HERMODAN, INDATIRE, & deux Scythes couverts de peaux de tigres ou de lions.

HERMODAN.

Indatire, mon fils, quelle est donc cette audace?
Qui sont ces étrangers? quelle insolente race
A franchi les sommets des rochers d'Immaüs?
Apportent-ils la guerre aux rives de l'Oxus?
Que viennent-ils chercher dans nos forêts tranquiles?

INDATIRE.

Mes braves compagnons ſortis de leurs aziles,
Avec rapidité ſe ſont rejoints à moi,
Ainſi qu'on les voit tous s'attrouper ſans effroi
Contre les fiers aſſauts des tigres d'Hircanie.
Notre troupe aſſemblée eſt faible, mais unie,
Inſtruite à défier le péril & la mort.
Elle marche aux Perſans, elle avance; & d'abord,
L'olivier à la main, devant nous ſe préſente
Un jeune homme entouré d'une pompe éclatante;
L'or & les diamants brillent ſur ſes habits,
Son turban diſparait ſous les feux des rubis;
Il voudrait, nous dit-il, parler à notre maître.
Nous le ſaluons tous, en lui faiſant connaître
Que ce titre de maître aux Perſans ſi ſacré
Dans l'antique Scythie eſt un titre ignoré.

Nous ſommes tous égaux ſur ces rives ſi chères,
Sans rois & ſans ſujets, tous libres & tous frères.
Que veux-tu dans ces lieux? viens-tu pour nous traiter
En hommes, en amis, ou pour nous inſulter? *

Alors il me répond, d'une voix douce & fière,
Que des états perſans viſitant la frontière,
Il veut voir à loiſir ce peuple ſi vanté
Pour ſes antiques mœurs & pour ſa liberté.
Nous avons avec joie entendu ce langage.
Mais j'obſervais pourtant je ne ſais quel nuage,
L'empreinte des ennuis ou d'un deſſein profond,
Et les ſombres chagrins répandus ſur ſon front.
Nous offrons cependant à ſa troupe brillante,
Des hôtes de nos bois la dépouille ſanglante,
Nos utiles toiſons, tout ce qu'en nos climats
La nature indulgente a ſemé ſous nos pas,

* Détachez ce morceau, & enflez un peu la voix.

Mais sur-tout des carquois, des fléches, des armures,
Ornements des guerriers & nos seules parures.
Ils présentent alors, à nos regards surpris,
Des chefs-d'œuvre d'orgueil sans mesure & sans prix,
Instruments de mollesse, où sous l'or & la soie
Des inutiles arts tout l'effort se déploie.
Nous avons rejetté ces présens corrupteurs,
Trop étrangers pour nous, trop peu faits pour nos mœurs,
Superbes ennemis de la simple nature :
L'appareil des grandeurs au pauvre est une injure;
Et recevant enfin des dons moins dangereux,
Dans notre pauvreté nous sommes plus grands qu'eux.
Nous leur donnons le droit de poursuivre en nos plaines,
Sur nos lacs, en nos bois, au bord de nos fontaines,
Les habitans des airs, de la terre & des eaux.
Contens de notre accueil, ils nous traitent d'égaux.
Enfin, nous nous jurons une amitié sincère.
Ce jour, n'en doutez point, nous est un jour prospère.
Ils pourront voir nos jeux & nos solemnités,
Les charmes d'Obéïde & mes félicités.

HERMODAN.

Ainsi donc, mon cher fils, jusqu'en notre contrée,
La Perse est triomphante; Obéïde adorée,
Par un charme invincible a subjugué tes sens!
Cet objet, tu le sais, naquit chez les Persans.

INDATIRE.

On le dit; mais qu'importe où le ciel la fit naître!

HERMODAN.

Son père jusqu'ici ne s'est point fait connaître;
Depuis quatre ans entiers qu'il goûte dans ces lieux
La liberté, la paix que nous donnent les Dieux,
Malgré notre amitié, j'ignore quel orage

Transplanta sa famille en ce désert sauvage.
Mais dans ses entretiens j'ai souvent démêlé
Que d'une cour ingrate il était exilé.
Il est persécuté : la vertu malheureuse
Devient plus respectable, & m'est plus précieuse.
Je vois avec plaisir que du sein des honneurs,
Il s'est soumis sans peine à nos loix, à nos mœurs,
Quoiqu'il soit dans un âge où l'ame la plus pure
Peut rarement changer le pli de la nature.

INDATIRE.

Son adorable fille est encor au dessus.
De son sexe & du nôtre elle unit les vertus.
Le croiriez-vous, mon pere ? elle est belle, & l'ignore.
Sans doute elle est d'un rang que chez elle on honore.
Son ame est noble au moins ; car elle est sans orgueil.
Jamais aucun dégoût ne glaça son accueil.
Sans avilissement à tout elle s'abaisse ;
D'un père infortuné soulage la vieillesse,
Le console, le sert, & craint d'appercevoir
Qu'elle va quelquefois par-delà son devoir.
On la voit supporter la fatigue obstinée
Pour laquelle on sent trop qu'elle n'était point née.
Elle brille sur-tout dans nos champêtres jeux,
Nobles amusemens d'un peuple belliqueux.
Elle est de nos beautés l'amour & le modele ;
Le ciel la récompense en la rendant plus belle.

HERMODAN.

Oui, je la crois, mon fils, digne de tant d'amour.
Mais, d'où vient que son père admis dans ce séjour,
Plus formé qu'elle encor aux usages des Scythes,
Adorateur des loix que nos mœurs ont prescrites,
Notre ami, notre frère en nos cœurs adopté,
Jamais de son destin n'a rien manifesté !
Sur son rang, sur les siens pourquoi se taire encore ?

Rougit-on de parler de ce qui nous honore ?
Et puis-je abandonner ton cœur trop prévenu
Au ſang d'un étranger qui craint d'être connu ?

INDATIRE.

Quel qu'il ſoit, il eſt libre, il eſt juſte, intrépide ;
Il m'aime, il eſt enfin le père d'Obéïde.

HERMODAN.

Que je lui parle au moins.

SCENE II.

HERMODAN, INDATIRE, SOZAME.

INDATIRE.

O vieillard généreux !
O cher concitoyen de nos pâtres heureux !
Les Perſans en ce jour venus dans la Scythie,
Seront donc les témoins du ſaint nœud qui nous lie !
Je tiendrai de tes mains un don plus précieux
Que le trône où Cyrus ſe crut égal aux Dieux.
J'en atteſte les miens, & le jour qui m'éclaire,
Mon cœur ſe donne à toi, comme il eſt à mon père ;
Je te ſers comme lui. Quoi, tu verſes des pleurs !

SOZAME.

J'en verſe de tendreſſe ; & ſi dans mes malheurs
Cette heureuſe alliance, où mon bonheur ſe fonde,
Guérit d'un cœur flétri la bleſſure profonde,
La cicatrice en reſte ; & les biens les plus chers
Rappellent quelquefois les maux qu'on a ſoufferts.

INDATIRE.

J'ignore tes chagrins, ta vertu m'eſt connue ;
Qui peut donc t'affliger ? ma candeur ingénue
Mérite que ton cœur au mien daigne s'ouvrir.

HERMODAN.

A la tendre amitié tu peux tout découvrir,
Tu le dois.

SOZAME.

O mon fils ! ô mon cher Indatire !
Ma fille eſt, je le ſais, ſoumiſe à mon empire ;
Elle eſt l'unique bien que les Dieux m'ont laiſſé.
J'ai voulu cet himen, je l'ai déjà preſſé ;
Je ne la gêne point ſous la loi paternelle ;
Son choix ou ſon refus, tout doit dépendre d'elle.
Que ton père aujourd'hui pour former ce lien,
Traite ſon digne ſang comme je fais le mien ;
Et que la liberté de ta ſage contrée
Préſide à l'union que j'ai tant deſirée.
Avec ce digne ami laiſſe-moi m'expliquer :
Va, ma bouche jamais ne pourra révoquer
L'arrêt qu'en ta faveur aura porté ma fille.
Va, cher & noble eſpoir de ma triſte famille ;
Mon fils, obtien ſes vœux ; je te réponds des miens.

INDATIRE.

J'embraſſe tes genoux, & je revole aux ſiens.

SCENE III.

HERMODAN, SOZAME.

SOZAME.

Ami, reposons-nous sur ce siege sauvage,
Sous ce dais qu'ont formé la mousse & le feuillage,
La nature nous l'offre; & je hais dès long-tems
Ceux que l'art a tissus dans les palais des grands.

HERMODAN.

Tu fus donc grand en Perse?

SOZAME.

Il est vrai.

HERMODAN.

Ton silence
M'a privé trop long-tems de cette confidence.
Je ne hais point les grands. J'en ai vu quelquefois
Qu'un desir curieux attira dans nos bois:
J'aimai de ces Persans les mœurs nobles & fières.
Je sais que les humains sont nés égaux & frères;
Mais je n'ignore pas que l'on doit respecter
Ceux qu'en exemple au peuple un roi veut présenter;
Et la simplicité de notre république
N'est point une leçon pour l'état monarchique.
Craignais-tu qu'un ami te fût moins attaché?
Croi-moi, tu t'abusais.

SOZAME.

Si je t'ai tant caché

Mes honneurs, mes chagrins, ma chûte, ma misère;
La ſource de mes maux; pardonne au cœur d'un père.
J'ai tout perdu; ma fille eſt ici ſans appui;
Et j'ai craint que le crime, & la honte d'autrui
Ne réjaillît ſur elle & ne flétrît ſa gloire.
Appren d'elle & de moi la malheureuſe hiſtoire.

HERMODAN. (*Ils s'aſſeyent tous deux.*)

Sèche tes pleurs, & parle.

SOZAME.

Appren que ſous Cyrus
Je portai la terreur aux peuples éperdus.
Ivre de cette gloire, à qui l'on ſacrifie,
C'eſt moi de qui la main ſubjugua l'Hircanie,
Pays libre autrefois.

HERMODAN.

Il eſt bien malheureux;
Il fut libre.

SOZAME.

Ah! croi-moi; tous ces lauriers affreux,
Les exploits des tyrans, des peuples les misères,
Ces états dévaſtés par des mains mercénaires,
Ces honneurs, cet éclat par le meurtre achetés,
Dans le fond de mon cœur je les ai déteſtés.
Enfin, Cyrus ſur moi répandant ſes largeſſes,
M'orna de dignités, me combla de richeſſes.
A ſes conſeils ſecrets je fus aſſocié.
Mon protecteur mourut; & je fus oublié.
J'abandonnai Cambyſe, illuſtre téméraire,
Indigne ſucceſſeur de ſon auguſte père.
Ecbatane, du Mède autrefois le ſéjour,
Cacha mes cheveux blancs à ſa nouvelle cour.

Mais ſon frere Smerdis gouvernant la Médie,
Smerdis de la vertu perſécuteur impie,
De mes jours honorés empoiſonna la fin.
Un enfant de ſa ſœur, un jeune homme ſans frein,
Généreux, il eſt vrai, vaillant, peut-être aimable,
Mais dans ſes paſſions caractère indomptable,
Mépriſant ſon épouſe en poſſédant ſon cœur,
Pour la jeune Obéïde épris avec fureur,
Prétendit m'arracher, en maître deſpotique,
Ce ſoutien de mon âge & mon eſpoir unique.
Athamare eſt ſon nom; ſa criminelle ardeur
M'entraînait au tombeau couvert de deshonneur.

HERMODAN.

As-tu par ſon trépas repouſſé cet outrage?

SOZAME.

J'oſai l'en menacer. Ma fille eut le courage
De me forcer à fuir les tranſports violens
D'un eſprit indomptable en ſes emportemens.
De ſa mère, en ce tems, les Dieux l'avaient privée.
Par moi ſeul à ce Prince elle fut enlevée.
Les dignes courtiſans de l'infâme Smerdis,
Monſtres, par ma retraite à parler enhardis,
Employèrent bientôt leurs armes ordinaires,
Le grand art de tromper en paraiſſant ſincères;
Ils feignaient de me plaindre en oſant m'accuſer,
Et me cachaient la main qui ſavait m'écraſer.
C'eſt un crime en Médie, ainſi qu'à Babilone,
D'oſer parler en homme à l'héritier du trône....

HERMODAN.

O de la ſervitude effets aviliſſans!
Quoi! la plainte eſt un crime à la cour des Perſans!

SOZAME.

Le premier de l'Etat, quand il a pu déplaire,
S'il eſt perſécuté, doit ſouffrir & ſe taire.

HERMODAN.

Comment recherchas-tu cette baſſe grandeur?

SOZAME. (*Les deux vieillards ſe levent.*)

Ce ſouvenir honteux ſouleve encor mon cœur.
Ami, tout ce que peut l'adroite calomnie,
Pour m'arracher l'honneur, la fortune & la vie,
Tout fut tenté par eux, & tout leur réuſſit.
Smerdis proſcrit ma tête; on partage, on ravit
Mes emplois & mes biens le prix de mon ſervice.
Ma fille en fait ſans peine un noble ſacrifice,
Ne voit plus que ſon père, & ſubiſſant ſon ſort
Accompagne ma fuite & s'expoſe à la mort.
Nous partons, nous marchons de montagne en abîme;
Du Taurus eſcarpé nous franchiſſons la cîme.
Bientôt dans vos forets, grace au ciel, parvenu,
J'y trouvai le repos qui m'était inconnu.
J'y voudrais être né. Tout mon regret, mon frére,
Eſt d'avoir parcouru ma fatale carriére
Dans les camps, dans les cours, à la ſuite des Rois,
Loin des ſeuls citoyens gouvernés par les loix.
Mais je ſens que ma fille aux déſerts enterrée,
Du faſte des grandeurs autrefois entourée,
Dans le ſecret du cœur pourrait entretenir
De ſes honneurs paſſés l'importun ſouvenir.
J'ai peur que la raiſon, l'amitié filiale
Combattent faiblement l'illuſion fatale
Dont le charme trompeur a faſciné toujours
Des yeux accoutumés à la pompe des cours.
Voilà ce qui tantôt rappellant mes allarmes,
A rouvert un moment la ſource de mes larmes.

HERMODAN.

Que peux-tu craindre ici ? qu'a-t-elle à regretter ?
Nous valons pour le moins ce qu'elle a sû quitter ;
Elle est libre avec nous, applaudie, honorée ;
Jamais de tristes soins sa paix n'est altérée.
La franchise qui règne en nos déserts heureux
Fait mépriser la cour & ses fers dangereux.

SOZAME.

Je mourrais trop content si ma chère Obéïde
Haïssait comme moi cette cour si perfide.
Mais j'exige de toi que ta tendre amitié
Me garde le secret que je t'ai confié.
Ne révèle jamais mes grandeurs éclipsées,
Ni mes soupçons présens, ni mes douleurs passées :
Cache-les à ton fils ; & que de ses amours
Mes chagrins inquiets n'altèrent point le cours.

HERMODAN.

Va, je te le promets ; mais appren qu'on devine
Dans ces rustiques lieux ton illustre origine.
Tu n'en es pas moinscher à nos simples esprits.
Je tairai tout le reste & surtout à mon fils ;
Il s'en allarmerait.

SCENE IV.

HERMODAN, SOZAME, INDATIRE.

INDATIRE.

Obéïde se donne ;
Obéïde est à moi, si ta bonté l'ordonne,

Si mon père y souscrit.

SOZAME.

Nous l'approuvons tous deux.
Notre bonheur, mon fils, est de te voir heureux.
Cher ami, ce grand jour renouvelle ma vie,
Il me fait Citoyen de ta noble patrie.

SCENE V.

SOZAME, HERMODAN, INDATIRE, UN SCYTHE.

LE SCYTHE.

Respectables vieillards, sachez que nos hameaux
Seront bientôt remplis de nos hôtes nouveaux.
Leur chef est empressé de voir dans la Scythie
Un guerrier qu'il connut aux champs de la Médie.
Il nous demande à tous en quels lieux est caché
Ce vieillard malheureux qu'il a longtems cherché.

HERMODAN (*à Sozame.*)

O ciel ! jusqu'en mes bras il viendrait te poursuivre !

INDATIRE.

Lui poursuivre Sozame ! il cesserait de vivre.

LE SCYTHE.

Ce généreux Persan ne vient point défier
Un peuple de pasteurs innocent & guerrier.
Il paraît accablé d'une douleur profonde.
Peut-être est-ce un banni qui se dérobe au monde,

Un illuſtre exilé, qui dans nos régions
Fuit une cour féconde en révolutions.
Nos pères en ont vû, qui loin de ces naufrages,
Raſſaſiés de trouble, & fatigués d'orages,
Préféraient de nos mœurs la groſſière âpreté
Aux attentats commis avec urbanité.
Celui-ci paraît fier, mais ſenſible, mais tendre;
Il veut cacher les pleurs que je l'ai vû répandre.

HERMODAN (*à Sozame.*)

Ces pleurs me ſont ſuſpects, ainſi que ſes préſens.
Pardonne à mes ſoupçons, mais je crains les Perſans.
Ces eſclaves brillans veulent au moins ſéduire.
Peut-être c'eſt à toi qu'on cherche encor à nuire.
Peut-être ton tyran, par ta fuite trompé,
Demande ici ton ſang à ſa rage échappé.
D'un Prince quelquefois le malheureux Miniſtre
Pleure en obéiſſant à ſon ordre ſiniſtre.

SOZAME.

Oubliant tous les Rois dans ces heureux climats,
Je ſuis oublié d'eux, & je ne les crains pas.

INDATIRE (*à Hermodan.*)

Nous mourrions à tes pieds, avant qu'un téméraire
Pût manquer ſeulement de reſpect à mon père.

LE SCYTHE.

S'il vient pour te trahir, va, nous l'en punirons.
Si c'eſt un exilé, nous le protégerons.

INDATIRE.

Ouvrons en paix nos cœurs à la pure allégreſſe.
Que nous fait d'un Perſan la joie ou la triſteſſe?

Et qui peut chez le Scythe envoyer la terreur?
Ce mot honteux de crainte a révolté mon cœur.
Mon père, mes amis, daignez de vos mains pures
Préparer cet autel redouté des parjures,
Ces festons, ces flambeaux, ces gages de ma foi.

(à Sozame.)

Viens offrir cette main, qui combattra pour toi,
Cette main trop heureuse à ta fille promise,
Terrible aux ennemis, à toi toûjours soumise.

ACTE II.

SCENE PREMIERE.

OBEIDE, SULMA.

SULMA.

Vous y résolvez-vous ?

OBÉÏDE.

Oui, j'aurai le courage
D'ensevelir mes jours en ce desert sauvage.
On ne me verra point, lasse d'un long effort,
D'un père inébranlable attendre ici la mort,
Pour aller dans les murs de l'ingrate Ecbatane
Essayer d'adoucir la loi qui le condamne,
Pour aller recueillir des débris dispersés
Que tant d'avides mains ont en foule amassés.
Quand sa fuite en ces lieux fut par lui méditée,
Ma jeunesse peut-être en fut épouvantée,
Mais j'eus honte bientôt de ce secret retour,
Qui rappellait mon cœur à mon premier séjour.
J'ai sans doute à ce cœur fait trop de violence
Pour démenti jamais tant de persévérance.
Je me suis fait enfin dans ces grossiers climats
Un esprit & des mœurs que je n'espérais pas.
Ce n'est plus Obéïde à la cour adorée,
D'esclaves couronnés à toute heure entourée;
Tous ces grands de la Perse à ma porte rempans
Ne viennent plus flatter l'orgueil de mes beaux ans.
D'un peuple industrieux les talens mercenaires

De mon goût dédaigneux ne sont plus tributaires;
J'ai pris un nouvel être ; & s'il m'en a couté
Pour subir le travail avec la pauvreté,
La gloire de me vaincre & d'imiter mon père,
En m'en donnant la force est mon noble salaire.

SULMA.

Votre rare vertu passe votre malheur;
Dans votre abaissement je vois votre grandeur.
Je vous admire en tout; mais le cœur est-il maître
De n'aimer pas les lieux où le ciel nous fit naître?
La nature a ses droits; ses bienfaisantes mains
Ont mis ce sentiment dans les faibles humains.
On souffre en sa patrie ; elle peut nous déplaire;
Mais quand on l'a perdue, alors elle est bien chère.

OBÉÏDE.

Si la Perse a pour toi des charmes si puissans,
Je ne te contrains pas, quitte moi, j'y consens;
J'en gémirai, Sulma : dans mon palais nourrie,
Tu fus en tous les temps le soutien de ma vie;
Mais je serais barbare en t'osant proposer
De suporter un joug qui commence à peser.
Dans les lâches parents qui m'ont abandonnée
Tu trouveras peut-être une ame assez bien née,
Compatissante assez pour acquitter vers toi
Ce que le sort m'enlève, & ce que je te doi.
D'une pitié bien juste elle sera frappée,
En voyant de mes pleurs une lettre trempée.
Pars, ma chère Sulma; revoi, si tu le veux,
La superbe Ecbatane & ses peuples heureux.
Laisse dans ces déserts ta fidèle Obéïde.

SULMA.

Ah! que la mort plutôt frape cette perfide,

Si jamais je conçois le criminel dessein
De chercher loin de vous un bonheur incertain!
J'ai vécu pour vous seule; & votre destinée
Jusques à mon tombeau tient la mienne enchaînée.
Mais je vous l'avouerai, ce n'est pas sans horreur
Que je vois tant d'apas, de gloire, de grandeur,
D'un soldat de Scythie être ici le partage.

OBEIDE.

Après mon infortune, après l'indigne outrage
Qu'a fait à ma famille, à mon âge, à mon nom,
De l'immortel Cyrus un fatal rejetton;
Après la honte enfin, qu'une telle insolence
Fait toujours rejaillir sur la faible innocence,
Morte pour mon pays, & cachée en ces lieux,
Tous les humains, Sulma, sont égaux à mes yeux;
Tout m'est indifférent!

SULMA.

Ah! contrainte inutile!
Est-ce avec des sanglots qu'on montre un cœur tranquile?

OBEIDE.

Hélas! veux-tu m'ôter, en croyant m'éblouir,
Ce malheureux repos dont je cherche à jouir!
Cesse de m'affliger. Mon père veut un gendre;
Il ne l'ordonne point, mais je sais trop l'entendre.
Le fils de son ami doit être préféré.

SULMA.

Votre choix est donc fait!

OBEIDE.

Tu vois l'autel sacré (*)

(*) De jeunes filles dressent un autel au fond du théâtre.

Que préparent déja mes compagnes heureuſes ;
Ignorant de l'himen les chaînes dangéreuſes,
Tranqüilles, ſans regrets, ſans cruel ſouvenir.

SULMA.

D'où vient qu'à cet aſpect vous paraiſſez frémir?

SCENE II.

OBÉIDE, SULMA, INDATIRE.

INDATIRE.

Cet autel me rappelle à ces forêts ſi chères ;
Tu conduis tous mes pas, je devance nos pères.
Je veux lire en tes yeux, entendre de ta voix,
Que ton heureux époux eſt nommé par ton choix :
L'himen eſt parmi nous le nœud que la nature
Forme entre deux amants de ſa main libre & pure.
Chez les Perſans, dit-on, l'intérêt odieux,
Les folles vanités, l'orgueil ambitieux,
De cent bizares loix la contrainte importune,
Soumettent triſtement l'amour à la fortune.
Ici le cœur fait tout, ici l'on vit pour ſoi ;
D'un mercénaire himen on ignore la loi,
On fait ſa deſtinée. Une fille guerrière
De ſon guerrier chéri court la noble carrière,
Elle aime à partager ſes travaux & ſon ſort,
L'accompagne aux combats, & ſait venger ſa mort.
Préferes-tu nos mœurs aux mœurs de ton empire?
La ſincère Obéide aime-t-elle Indatire?

OBEIDE.

Je connais tes vertus, j'eſtime ta valeur,

Et de ton cœur ouvert la naïve candeur;
Je te l'ai déja dit, je l'ai dit à mon père;
Et son choix & le mien doivent te satisfaire.

INDATIRE.

Non, tu sembles parler un langage étranger;
Et même en m'approuvant, tu viens de m'affliger.
Dans les murs d'Ecbatane est-ce ainsi qu'on s'explique?
Obéide, est-il vrai qu'un astre tirannique
Dans cette ville immense a pû te mettre au jour?
Est-il vrai que tes yeux brillèrent à la cour,
Et que l'on t'éleva dans ce riche esclavage
Dont à peine en ces lieux nous concevons l'image?
Di-moi, chère Obéide, aurais je le malheur
Que le ciel t'eût fait naître au sein de la grandeur?

OBEIDE.

Ce n'est point ton malheur, c'est le mien. -- Ma mémoire
Ne me retrace plus cette trompeuse gloire.
Je l'oublie à jamais.

INDATIRE.

Plus ton cœur adoré
En perd le souvenir, plus je m'en souviendrai.
Vois-tu d'un œil content cet appareil rustique,
Le monument heureux de notre culte antique,
Où nos pères bientôt recevront les serments
Dont nos cœurs & les Dieux sont les sacrés garants?
Obéide, il n'a rien de la pompe inutile
Qui fatigue les Dieux dans ta superbe ville.
Il n'a pour ornement que des tissus de fleurs,
Présents de la nature, images de nos cœurs.

OBEIDE.

Va, je crois que des cieux le grand & juste maître

Préfère ce faint culte, & cet autel champêtre,
A nos temples fameux que l'orgueil a bâtis.
Les Dieux qu'on y fait d'or y font bien mal fervis.

INDATIRE.

Sais-tu que ces Perfans venus fur ces rivages
Veulent voir notre fête & nos riants bocages?
Par la main des vertus ils nous verront unis.

OBEIDE.

Les Perfans! — que dis-tu! — les Perfans!

INDATIRE.

Tu frémis.
Quelle pâleur, ô ciel! fur ton front répandue!
Des efclaves d'un roi peux-tu craindre la vue?

OBEIDE.

Ah! ma chère Sulma!

SULMA.

Votre père & le fien
Viennent former ici votre éternel lien!

INDATIRE.

Nos parents, nos amis, tes compagnes fidelles,
Viennent tous confacrer nos fêtes folemnelles.

OBEIDE (*à Sulma.*)

Allons, — je l'ai voulu.

SCENE III.

OBEIDE, SULMA, INDATIRE, SOZAME, HERMODAN. *Des filles couronnées de fleurs, & des Scythes sans armes font un demi-cercle autour de l'autel.*

HERMODAN.

Voici l'autel sacré,
L'autel de la nature à l'amour préparé,
Où je fis mes serments, où jurerent nos pères.

(à Obéide.)

Nous n'avons point ici de plus pompeux mistères;
Notre culte, Obéide, est simple comme vous.

SOZAME *(à Obéïde.)*

De la main de ton père accepte ton époux.

(Obéïde & Indatire mettent la main sur l'autel.)

INDATIRE.

Je jure à ma patrie, à mon père, à moi-même,
A nos Dieux éternels, à cet objet que j'aime,
De l'aimer encor plus quand cet heureux moment
Aura mis Obéïde aux mains de son amant;
Et toujours plus épris, & toujours plus fidelle,
De vivre, de combattre, & de mourir pour elle.

OBEIDE.

Je me soumets, grands Dieux, à vos augustes loix;

Je jure d'être à lui. — Ciel ! qu'est-ce que je vois !

(Ici Athamare & des Persans paraissent dans le fond.)

SULMA.

Ah ! Madame.

OBÉÏDE.

Je meurs, qu'on m'emporte.

INDATIRE.

Ah ! Sozame ;
Quelle terreur subite a donc frappé son ame ?
Compagnes d'Obéïde, allons à son secours.

(Les femmes Scythes sortent avec Indatire.)

SCENE IV.

SOZAME, HERMODAN, ATHAMARE, HIRCAN, Scythes.

SOZAME.

Scythes, demeurez tous.... Voici donc de mes jours
Le jour le plus étrange & le plus effroyable.

(Athamare avance avec deux suivans.)

Athamare, est-ce toi ? quel sort impitoyable
T'a conduit dans des lieux de retraite & de paix ?
Tu dois être content des maux que tu m'as faits.
Ton indigne monarque avait proscrit ma tête ;
Viens-tu la demander ? malheureux, elle est prête ;
Mais tremble pour la tienne. Appren que tu te vois

Chez un peuple équitable & redouté des rois.
Je demeure étonné de l'audace inouïe
Qui t'amène si loin pour hasarder ta vie.

ATHAMARE.

Peuple juste, écoutez ; je m'en remets à vous.
Le neveu de Cyrus vous fait juge entre nous.
Apprenez que dans moi vous voyez un coupable ;
Vous voyez dans Sozame un vieillard vénérable
Qui soutint autrefois de ses vaillantes mains
Le pouvoir dont Cyrus effraya les humains.
Quand Smerdis a régné, ma fougueuse jeunesse
A du brave Sozame affligé la vieillesse.
Smerdis l'a dépouillé de ses biens, de son rang.
Une sentence inique a poursuivi son sang.
Ce Prince est chez les morts ; & la premiére idée
Dont après son trépas mon ame est possédée,
Est de rendre justice à cet infortuné.
Oui, Sozame, à tes pieds les Dieux m'ont amené
Pour expier ma faute hélas trop pardonnable ;
La suite en fut terrible, inhumaine, exécrable ;
Elle accabla mon cœur ; il la faut réparer.
Dans tes honneurs passés daigne à la fin rentrer.
Je partage avec toi mes trésors, ma puissance ;
Ecbatane est du moins sous mon obéissance ;
C'est tout ce qui demeure aux enfans de Cyrus ;
Tout le reste a subi les loix de Darius.
Mais je suis assez grand, si ton cœur me pardonne.
Ton amitié, Sozame, ajoute à ma couronne.
Approuve mes regrets, mon repentir, mes vœux.
L'objet de mes remords est de te rendre heureux.
Renonce à tes deserts, & revoi ta patrie ;
Ecoute en ta faveur ton Prince qui te prie,
Qui met à tes genoux sa faute & ses douleurs,
Et qui s'honore encor de les baigner de pleurs.

HERMODAN.

Je me ſens attendri d'un ſpectacle ſi rare.

SOZAME.

Tu ne me ſéduis point, malheureux Athamare.
Si le repentir ſeul avait pu t'amener,
Malgré tous mes affronts je pourrais pardonner.
Tu ſais quel eſt mon cœur; il n'eſt point infléxible.
Mais je lis dans le tien; je le connais ſenſible.
Je vois trop les chagrins dont il eſt déſolé:
Et ce n'eſt pas pour moi que tes pleurs ont coulé.
Il n'eſt plus tems; adieu. Les champs de la Scythie
Me verront achever ma languiſſante vie.
Retourne en tes états où tu devais reſter;
Abandonne un objet qui te les fit quitter.
Tu m'entens, il ſuffit. Va, pars, & ren-moi grace
De ne pas révéler ton imprudente audace.
Ami, courons chercher & ma fille & ton fils.

HERMODAN.

Vien, redoublons les nœuds qui nous ont tous unis.

SCENE V.

ATHAMARE, HIRCAN.

ATHAMARE.

JE demeure immobile. O ciel! ô deſtinée!
O paſſion fatale à me perdre obſtinée!
Il n'eſt plus tems, dit-il: il a pu ſans pitié
Souffrir à ſes genoux ſon maître humilié.
Ami, quand nous percions cette horde aſſemblée,

J'ai vu près de l'autel une femme voilée,
Qu'on a ſoudain ſouſtraite à mon œil égaré.
Quel eſt donc cet autel de guirlandes paré?
Quelle était cette fête en ces lieux ordonnée?
Pour qui brulaient ici les flambeaux d'himenée?
Ciel! quel temps je prenais! à cet aſpect d'horreur
Mes remors douloureux ſe changent en fureur.
Grands Dieux, s'il était vrai!

HIRCAN.

Dans les lieux où vous êtes
Gardez-vous d'écouter ces fureurs indiſcrètes.
Reſpectez, croyez-moi, les modeſtes foyers
D'agreſtes habitans, mais de vaillants guerriers,
Qui ſans ambition, comme ſans avarice,
Obſervateurs zélés de l'exacte juſtice,
Ont mis leur ſeule gloire en leur égalité,
De qui vos grandeurs même irritent la fierté.
N'allez point allarmer leur noble indépendance;
Ils ſavent la défendre; ils aiment la vengeance;
Ils ne pardonnent point quand ils ſont offenſés.

ATHAMARE.

Tu t'abuſes, ami; je les connais aſſez;
J'en ai vu dans nos camps, j'en ai vu dans nos villes,
De ces Scythes altiers, à nos ordres dociles,
Qui briguaient en vantant leurs ſtériles climats
L'honneur d'être comptés aux rangs de nos ſoldats.

HIRCAN.

Mais, ſouverains chez eux.....

ATHAMARE.

Ah! c'eſt trop contredire
Le dépit qui me ronge & l'amour qui m'inſpire,

Ma paſſion m'emporte & ne raiſonne pas.
Si j'euſſe été prudent, ſerais-je en leurs états!
Au bout de l'univers Obéide m'entraîne;
Son eſclave échapé lui raporte ſa chaîne,
Pour l'enchaîner moi-même au ſort qui me pourſuit;
Pour l'arracher des lieux où ſa douleur me fuit,
Pour la ſauver enfin de l'indigne eſclavage
Qu'un malheureux vieillard impoſe à ſon jeune âge;
Pour mourir à ſes pieds d'amour & de fureur,
Si ce cœur déchiré ne peut fléchir ſon cœur.

HIRCAN.

Mais ſi vous écoutiez.....

ATHAMARE.

Non — je n'écoute qu'elle.

HIRCAN.

Attendez.

ATHAMARE.

Que j'attende? & que de la cruelle
Un rival mépriſable, à mes yeux poſſeſſeur,
Inſulte mon amour, outrage mon honneur!
Que du bien qu'il m'arrache il ſoit en paix le maître!
Mais trop tôt, cher ami, je m'allarme peut-être.
Son père à ce vil choix pourra-t-il la forcer?
Entre un Scythe & ſon maître a-t-elle à balancer?
Dans ſon cœur autrefois j'ai vu trop de nobleſſe,
Pour croire qu'à ce point ſon orgueil ſe rabaiſſe.

HIRCAN.

Mais ſi dans ce choix même elle eût mis ſa fierté!

ATHAMARE.

De ce doute offenſant je ſuis trop irrité.

Allons : si mes remords n'ont pu fléchir son père,
S'il méprise mes pleurs, — qu'il craigne ma colère.
Je sais qu'un Prince est homme, & qu'il peut s'égarer,
Mais lorsqu'au repentir facile à se livrer,
Reconnaissant sa faute & s'oubliant soi-même,
Il va jusqu'à flétrir l'honneur du rang suprême,
Quand il répare tout, il faut se souvenir
Que s'il demande grace, il la doit obtenir.

ACTE III.

SCENE PREMIERE.

ATHAMARE, HIRCAN.

ATHAMARE.

Quoi ! je ne puis la voir ! ô tendresse ! ô couroux !
Que d'affronts redoublés !

HIRCAN.

Seigneur, contraignez-vous.

ATHAMARE.

Me contraindre ! qui ? moi !

HIRCAN.

Ses compagnes tremblantes
Rappellaient ses esprits sur ses levres mourantes....

ATHAMARE.

Elle était en danger ? Obéïde !

HIRCAN.

Oui, Seigneur ;
Et ranimant à peine un reste de chaleur,
Dans ces cruels moments, d'une voix affaiblie,
Sa bouche a prononcé le nom de la Médie.
Un Scythe me l'a dit ; un Scythe qu'autrefois
La Médie avait vu combattre sous nos loix.
Son père & son époux sont encor auprès d'elle.

ATHAMARE.

Qui ! ſon époux, un Scythe !

HIRCAN.

Et quoi, cette nouvelle
A votre oreille encor, Seigneur, n'a pu voler !

ATHAMARE.

Eh ! qui des miens, hors toi, m'oſe jamais parler ?
De mes honteux ſecrets quel autre a pu s'inſtruire ?
Son époux me dis-tu ?

HIRCAN.

Le vaillant Indatire,
Jeune, & de ces cantons l'eſpérance & l'honneur,
Lui jurait ici même une éternelle ardeur,
Sous ces mêmes cyprès, à cet autel champêtre,
Aux clartés des flambeaux que j'ai vu diſparaître.
Vous n'étiez pas encor arrivé vers l'autel,
Qu'un long treſſaillement ſuivi d'un froid mortel
A fermé les beaux yeux d'Obéïde oppreſſée.
Des filles de Scythie une foule empreſſée
La portait en pleurant ſous ces ruſtiques toits,
Aſyle malheureux dont ſon père a fait choix.
Ce vieillard la ſuivait d'une démarche lente,
Sous le fardeau des ans affaiblie & peſante,
Quand vous avez ſur vous attiré ſes regards.

ATHAMARE.

Mon cœur, à ce récit, ouvert de toutes parts,
De tant d'impreſſions ſent l'atteinte ſubite ;
Dans ſes derniers replis un tel combat s'excite,
Que ſur aucun parti je ne puis me fixer ;
Et je démêle mal ce que je peux penſer.

Mais d'où vient qu'en ce temple Obéïde rendue;
En touchant cet autel est tombée éperdue!
Parmi tous ces pasteurs elle aura d'un coup d'œil
Reconnu des Persans le fastueux orgueil.
Ma présence à ses yeux a montré tous mes crimes;
Mes amours emportés, mes feux illégitimes,
A l'affreuse indigence un père abandonné,
Par un monarque injuste à la mort condamné,
Sa fuite, son séjour en ce païs sauvage,
Cette foule de maux qui sont tous mon ouvrage.
Elle aura rassemblé ces objets de terreur;
Elle imite son père, & je lui fais horreur.

HIRCAN.

Il serait bien affreux, j'ose ici vous le dire,
Que vous eussiez quitté le soin de votre Empire;
Chargé d'un repentir si noble & si profond,
Pour venir en Scythie essuyer un affront.

ATHAMARE.

Ah! lorsqu'elle m'a vu, si son ame surprise
D'une ombre de pitié s'était au moins éprise,
Si lisant dans mon cœur, son cœur eût éprouvé
Un tumulte secret faiblement élevé! —
Cher ami, je m'égare, & je me rends justice;
Je sais ce qu'on me doit; il faut qu'on me haïsse.
Qu'ai-je fait, malheureux! & quel sera mon sort?
Mon aspect en tout temps lui porta donc la mort!
Mais, dis-tu, dans le mal qui menaçait sa vie,
Sa bouche a prononcé le nom de sa patrie!

HIRCAN.

Elle l'aime sans doute.

ATHAMARE.

Ah! pour me secourir

C'eſt une arme du moins qu'elle daigne m'offrir.
Elle aime ſa patrie — elle épouſe Indatire ! —
Va, l'honneur dangereux où le barbare aſpire
Lui coutera bientôt un ſanglant repentir.
C'eſt un crime trop grand pour ne le pas punir.

HIRCAN.

Penſez-vous être encor dans les murs d'Ecbatane ?
Là votre voix décide, elle abſout ou condamne.
Ici vous péririez : vous êtes dans des lieux
Que jadis arroſa le ſang de vos ayeux.

ATHAMARE.

Eh bien ! j'y périrai.

HIRCAN.

Quelle fatale ivreſſe !
Age des paſſions ! trop aveugle jeuneſſe !
Où conduis-tu les cœurs à leurs penchants livrés ?

ATHAMARE.

Qui vois-je donc paraître en ces champs abhorrés ?

(*Indatire paſſe dans le fond du théâtre à la tête d'une troupe de guerriers.*)

Que veut le fer en main cette troupe ruſtique ?

HIRCAN.

On m'a dit qu'en ces lieux c'eſt un uſage antique.
Ce ſont de ſimples jeux par le tems conſacrés,
Dans les jours de l'himen noblement célébrés.
Tous leurs jeux ſont guerriers ; la valeur les aprête.
Voyez-vous Indatire ? il s'avance à leur tête.
Tout le ſexe eſt exclu de ces ſolemnités,
Et les mœurs de ce peuple ont des ſévérités

Qui pourroient des Perſans condamner la licence.

ATHAMARE.

Grands Dieux ! vous me voulez conduire en ſa préſence.
Cette fête du moins m'aprend que vos ſecours
Ont diſſipé l'orage élevé ſur ſes jours.
Oui, mes yeux la verront.

HIRCAN.

Oui, Seigneur, Obéïde
Marche vers la cabane où ſon père réſide;
Je l'aperçois.

ATHAMARE.

Va, cours, obtien, ſi tu le peux,
De ce père implacable un pardon généreux. —
Des chaumes ! des roſeaux ! voilà donc ſa retraite !
Ah ! peut-être elle y vit tranquille & ſatisfaite.
Et moi....

SCENE II.

OBEIDE, SULMA, ATHAMARE.

ATHAMARE.

NOn, demeurez, ne vous détournez pas.
De vos regards du moins honorez mon trépas.
Qu'à vos genoux tremblants un malheureux périſſe !

OBEIDE.

Ah ! Sulma, qu'en tes bras mon deſeſpoir finiſſe !
C'en eſt trop. — Laiſſe moi, fatal perſécuteur;

Va,

Va, c'eſt toi qui reviens pour m'arracher le cœur.

ATHAMARE.

Ecoute un ſeul moment.

OBÉIDE.

Et le dois-je, barbare ?
Dans l'état où je ſuis que peut dire Athamare !

ATHAMARE.

Tu ſais que mes forfaits, que tes calamités,
Ta malheureuſe fuite en ces bords écartés,
Tout fut fait par l'amour. Cet amour qui t'offenſe,
Alla dans ſes excès juſqu'à la violence.
Par un autre himénée enchaîné malgré moi,
Je ne pouvois t'offrir un rang digne de toi.
J'outrageais ta vertu, quand j'adorais tes charmes.
J'ai payé ce moment de quatre ans de mes larmes.
Les malheurs inouïs ſur ta tête amaſſés,
Je les ai tous ſentis, & tu m'en crois aſſez :
Mon abord en ces lieux le fait aſſez connaître.
Le ciel de tous côtés m'a fait enfin mon maître ;
Smerdis & mon épouſe en un même tombeau
De mon fatal himen ont éteint le flambeau.
Ecbatane eſt à moi. —— Non, pardonne, Obeïde,
Ecbatane eſt à toi ; l'Euphrate, la Perſide,
Et la ſuperbe Egypte, & les bords Indiens,
Seraient tous à tes pieds s'ils pouvaient être aux miens.
Mais mon trône, & ma vie, & toute la nature
Sont d'un trop faible prix pour payer ton injure.
Ton grand cœur, Obéide, ainſi que ta beauté,
Eſt au deſſus d'un rang dont il n'eſt point flatté ;
Que la pitié du moins le deſarme & le touche.
Les climats où tu vis l'ont-ils rendu farouche ?
O cœur né pour aimer, ne peux-tu que haïr ?

Image de nos dieux, ne ſais-tu que punir ?
Ils ſavent pardonner. Va, ta bonté doit plaindre
Ton criminel amant que tu vois ſans le craindre.

OBEIDE.

Que m'as-tu dit, cruel ? & pourquoi de ſi loin
Viens-tu de me troubler prendre le triſte ſoin,
Tenter dans ces forêts ma miſere tranquile,
Et chercher un pardon — qui ſerait inutile ?
Quand tu m'oſas aimer pour la premiere fois,
Ton Roi d'un autre himen t'avait preſcrit les loix.
Sans un crime à mon cœur tu ne pouvais prétendre ;
Sans un crime plus grand je ne ſaurais t'entendre.
Ne fais point ſur mes ſens d'inutiles efforts :
Je me vois aujourd'hui ce que tu fus alors.
Sous le joug de l'himen Obeïde reſpire ;
Ceſſe de m'accabler, — & reſpecte Indatire.

ATHAMARE.

Un Scythe ! un vil mortel !

OBEIDE.

Pourquoi mépriſes-tu
Un homme, un citoyen — qui te paſſe en vertu ?

ATHAMARE.

Non, c'eſt pouſſer trop loin ta haine & ton outrage.
Non, les Dieux ont briſé cet infâme eſclavage.
Eux-mêmes ils t'ont ravi l'uſage de tes ſens,
Lorſque tu prononçais tes malheureux ſerments,
Qui ſans doute offenſaient leur majeſté ſuprême,
Et l'honneur de ta race auſſi-bien que moi-même :
Et je jure à ces Dieux de ton honneur jaloux
Qu'Indatire jamais ne ſera ton époux.

OBEIDE.

Tu ne ſaurais changer la loi de ſa contrée :
Elle ſeule y commande, elle eſt toujours ſacrée.
C'en eſt fait, — pour jamais le joug eſt impoſé,
Par aucune puiſſance il ne ſera briſé.
Il eſt d'autant plus ſaint, d'autant plus redoutable,
Que mon père en tout temps à mes vœux favorables,
Du pouvoir paternel oubliant tous les droits,
En m'offrant un époux n'a point forcé mon choix.

ATHAMARE.

Ah! cruelle!..

OBEIDE.

Arrachée au reſte de la terre,
J'étais morte pour toi, je vivais pour mon père.
Ses malheurs, ſes vieux ans avaient beſoin d'apui,
Il en demandait un, je le donne aujourd'hui.
Mes jours étaient affreux. Si l'himen en diſpoſe,
Si tout finit pour moi, toi ſeul en es la cauſe.
Toi ſeul m'as condamnée à vivre en ces déſerts.

ATHAMARE.

Je t'en viens arracher.

OBEIDE.

Laiſſe-moi dans mes fers;
Je me les ſuis donnés.

ATHAMARE.

Tes mains n'ont point encore
Formé l'indigne nœud dont un Scythe s'honore.

OBEIDE.

J'ai fait ſerment au ciel.

ATHAMARE.

Il ne le reçoit pas ;
C'eſt pour l'anéantir qu'il a guidé mes pas.

OBEIDE.

Ah ! — c'eſt pour mon malheur. —

ATHAMARE.

Obtiendrais-tu d'un père
Qu'il laiſsât libre au moins une fille ſi chère,
Que ſon cœur envers moi ne fût point endurci,
Et qu'il ceſsât enfin de s'exiler ici ?
Di-lui ....

OBEIDE.

N'y compte pas. Le choix que j'ai dû faire
Devenait un parti conforme à ma miſère,
Il eſt fait ; mon honneur ne peut le démentir,
Et Sozame jamais n'y pourrait conſentir.
Sa vertu t'eſt connue ; elle eſt inébranlable.

ATHAMARE.

Elle l'eſt dans la haine, & lui ſeul eſt coupable.

OBEIDE.

Lui coupable ! eſt-ce à toi, cruel, de l'inſulter ?
Ah ! tu dois être las de nous perſécuter.
Deſtructeur malheureux d'une triſte famille,
Laiſſe pleurer en paix & le père & la fille.
Il vient, ſors.

ATHAMARE.

Je ne puis.

OBEIDE.

Sors, ne l'irrite pas.

ATHAMARE.

Non, tous deux à l'envi donnez-moi le trépas.

OBEIDE.

Au nom de mes malheurs & de l'amour funeste
Qui des jours d'Obéïde empoisonne le reste,
Fui; ne l'outrage plus par ton fatal aspect.

ATHAMARE.

Juge de mon amour au moins par mon respect.
J'obéis. — Allons voir quel sang je dois répandre.

SCENE III.

SOZAME, OBEIDE, SULMA.

SOZAME.

Dieux! Athamare encore! — & tu viens de l'entendre!
Ce fatal ennemi nous poursuivra toujours!
Il vient flétrir ici les derniers de mes jours.
De ses faibles états dont il est maître à peine,
Dans notre obscur asyle on voit ce qui l'amène.
Je reconnais en lui cet esprit indompté
Que ni frein, ni raison n'ont jamais arrêté.
Qu'il ne se flatte pas que le déclin de l'âge
Rende un père insensible à ce nouvel outrage.

OBEIDE.

Mon père — il vous respecte — il ne me verra plus ;
Pour jamais à le fuir mes vœux sont résolus.

SOZAME.

Indatire est à toi.

OBEIDE.

Je le sais.

SOZAME.

Ton suffrage,
Dépendant de toi seule, a reçu son hommage.

OBEIDE.

J'ai cru vous plaire au moins ; — j'ai cru que sans fierté
Le fils de votre ami devait être accepté.

SOZAME.

Sais-tu ce qu'Athamare à ma honte propose
Par un de ces Persans dont son pouvoir dispose ?

OBEIDE.

Qu'a-t-il pu demander ?

SOZAME.

De violer ma foi,
De briser des liens qui sont formés par toi,
De trahir Indatire à qui l'himen t'engage.
Il m'offre de ses biens l'inutile avantage,
Et pour mes derniers jours une vaine grandeur.

OBEIDE.

Comment recevez-vous cette offre ?

SOZAME.

Avec horreur.

Ma fille, au repentir il n'est aucune voie.
Triomphant dans nos jeux, plein d'amour & de joie,
Indatire en tes bras par son père conduit,
De l'amour le plus pur attend le digne fruit;
Rien n'en doit altérer l'innocente allégresse.
Les Scythes sont humains & simples sans bassesse;
Mais leurs naïves mœurs ont de la dureté;
On ne les trompe point avec impunité;
Et surtout de leurs loix vengeurs impitoyables,
Ils n'ont jamais, ma fille, épargné des coupables.

OBEIDE.

Seigneur, vous vous borniez à me persuader.
Pour la premiere fois pourquoi m'intimider?
Vous savez si du sort bravant les injustices,
J'ai fait depuis quatre ans d'assez grands sacrifices.
S'il en fallait encor, je les ferais pour vous.
Votre fille jamais ne craindra son époux.
Je vois tout mon devoir — ainsi que ma misère.
Allez, — vous n'avez point de reproche à me faire.

SOZAME.

Pardonne à ma tendresse un reste de frayeur,
Triste & commun effet de l'âge & du malheur,
Je tremble seulement que ton cœur ne gémisse.
O de mes derniers ans tendre consolatrice,
Va, ton père est bien loin de te rien reprocher.
Ton époux fut ton choix, & sans doute il t'est cher.
Je vais trouver son père, & préparer la fête.
Rien ne troublera plus ton bonheur qui s'aprête.

(*Il sort.*)

SCENE IV.

OBEIDE, SULMA.

SULMA.

Quelle fête cruelle ! ainsi dans ce séjour
Vos beaux jours enterrés sont perdus sans retour ?

OBÉÏDE.

Ah dieux !

SULMA.

Votre pays, la cour qui vous vit naître,
Un Prince généreux... qui vous plaisait peut-être,
Vous les abandonnez sans crainte & sans pitié ?

OBÉÏDE.

Mon destin l'a voulu — j'ai tout sacrifié.

SULMA.

Haïriez-vous toujours la cour & la patrie ?

OBÉÏDE.

Malheureuse ! — jamais je ne l'ai tant chérie.

SULMA.

Ouvrez-moi votre cœur, je le mérite.

OBEÏDE.

Hélas !
Tu n'y découvrirais que d'horribles combats.
Il craindrait trop ta vue & ta plainte importune.
Il est des maux, Sulma, que nous fait la fortune ;
Il en est de plus grands dont le poison cruel

Préparé par nos mains porte un coup plus mortel.
Mais lorſque dans l'exil à mon âge on raſſemble,
Après un ſort ſi beau, tant de malheurs enſemble,
Lorſque tous leurs aſſauts viennent ſe réunir,
Un cœur, un faible cœur les peut-il ſoutenir?

SULMA.

Ecbatane . . . un grand Prince. . . . .

OBÉÏDE.

Ah! fatal Athamare!
Quel démon t'a conduit dans ce ſéjour barbare!
Que t'a fait Obéïde? & pourquoi découvrir
Ce trait longtems caché qui me faiſait mourir?
Pourquoi renouvellant ma honte & ton injure,
De tes funeſtes mains déchirer ma bleſſure?

SULMA.

Madame, c'en eſt trop, c'eſt trop vous immoler
A ces préjugés vains qui viennent vous troubler,
A d'inhumaines loix d'une horde étrangère,
Dont un père exilé chargea votre miſère.
Hélas! contre les Rois ſon trop juſte courroux
Ne ſera donc jamais retombé que ſur vous!
Quand vous le conſolez, faut-il qu'il vous oprime?
Soyez ſa protectrice, & non pas ſa victime.
Athamare eſt vaillant; & de braves ſoldats
Ont juſqu'en ces déſerts accompagné ſes pas.
Athamare, après tout, n'eſt-il pas votre maître?

OBÉÏDE.

Non.

SULMA.

C'eſt en ſes états que le ciel vous fit naître.
N'a-t-il donc pas le droit de briſer un lien,
L'oprobre de la Perſe, & le vôtre, & le ſien?

M'en croirez-vous ? partez, marchez ſous ſa conduite.
Si vous avez d'un père accompagné la fuite,
Il eſt tems à la fin qu'il vous ſuive à ſon tour ;
Qu'il renonce à l'orgueil de dédaigner ſa cour ;
Que ſa douleur farouche à vous perdre obſtinée,
Ceſſe enfin de lutter contre ſa deſtinée.

OBÉÏDE.

Non, ce parti ſerait injuſte & dangereux,
Il coûterait du ſang ; le ſuccès eſt douteux ;
Mon père expirerait de douleur & de rage. —
Enfin l'himen eſt fait : — je ſuis dans l'eſclavage.
L'habitude à ſouffrir pourra fortifier
Mon courage éperdu qui craignait de plier.

SULMA.

Vous pleurez cependant ; & votre œil qui s'égare
Parcourt avec horreur cette enceinte barbare,
Ces chaumes, ces déſerts, où des pompes des rois
Je vous vis deſcendue aux plus humbles emplois ;
Où d'un vain repentir le trait inſuportable
Déchire de vos jours le tiſſu miſérable. —
Quel parti prenez-vous ?

OBÉÏDE.

Celui du deſeſpoir.

SULMA.

Dans cet état affreux que faire ?

OBÉIDE.

— Mon devoir.
L'honneur de le remplir, le ſecret témoignage
Que la vertu ſe rend, qui ſoutient le courage,
Qui ſeul en eſt le prix, & que j'ai dans mon cœur,
Me tiendra lieu de tout, & même du bonheur.

ACTE IV.

SCENE PREMIERE.

ATHAMARE, HIRCAN.

ATHAMARE.

PENSES-tu qu'Indatire osera me parler?

HIRCAN.

Il l'osera, Seigneur.

ATHAMARE.

Qu'il vienne: —— il doit trembler.

HIRCAN.

Les Scythes, croyez-moi, connaissent peu la crainte.
Mais d'un tel désespoir votre ame est-elle atteinte,
Que vous avilissiez l'honneur de votre rang,
Le sang du grand Cyrus mêlé dans votre sang,
Et d'un trône si saint le droit inviolable,
Jusqu'à vous compromettre avec un misérable,
Qu'on verrait, si le sort l'envoyait parmi nous,
A vos premiers suivants ne parler qu'à genoux?
Mais qui sur ses foyers peut avec insolence
Braver impunément les rois & leur puissance?

ATHAMARE.

Je m'abaisse, il est vrai; mais je veux tout tenter.
Je descendrais plus bas pour la mieux mériter.
Ma honte est de la perdre; & ma gloire éternelle

Serait de m'avilir pour m'élever vers elle.
Penses-tu qu'Indatire en sa grossiéreté
Ait senti comme moi le prix de sa beauté ?
Un Scythe aveuglément suit l'instinct qui le guide ;
Ainsi qu'une autre femme il épouse Obéïde.
L'amour, la jalousie & ses emportemens
N'ont point dans ces climats aporté leurs tourmens.
De ces vils citoyens l'insensible rudesse,
En connaissant l'himen, ignore la tendresse.
Il n'est que les grands cœurs qui soient dignes d'aimer.

HIRCAN.

L'univers vous dément : le ciel sait animer
Des mêmes passions tous les êtres du monde.
Si du même limon la nature féconde,
Sur un modéle égal ayant fait les humains,
Varie à l'infini les traits de ses desseins,
Le fond de l'homme reste, il est partout le même.
Persan, Scythe, Indien, tout défend ce qu'il aime.

ATHAMARE.

Je le défendrai donc : je saurai le garder.

HIRCAN.

Vous hazardez beaucoup.

ATHAMARE.

Que puis-je hazarder !
Ma vie ? elle n'est rien sans l'objet qu'on m'arrache :
Mon nom ? quoi qu'il arrive il restera sans tache :
Mes amis ? ils ont trop de courage & d'honneur
Pour ne pas immoler sous le glaive vengeur
Ces agrestes guerriers dont l'audace indiscrète
Pourrait inquiéter leur marche & leur retraite.

HIRCAN.

Ils mourront à vos pieds, & vous n'en doutez pas.

ATHAMARE.

Qu'ils ſoient prêts:- quel mortel tourne vers moi ſes pas?

HIRCAN.

Seigneur, je le connais, c'eſt lui, c'eſt Indatire.

ATHAMARE.

Allez, que loin de moi ma garde ſe retire,
Qu'aucun n'oſe approcher ſans mes ordres exprès,
Mais qu'on ſoit prêt à tout.

SCENE II.

ATHAMARE, INDATIRE.

ATHAMARE.

Habitant des forêts,
Sais-tu bien devant qui ton ſort te fait paraître?

INDATIRE.

On prétend qu'une ville en toi révère un maître;
Qu'on l'appelle Ecbatane, & que du Mont Taurus
On voit ſes hauts remparts élevés par Cyrus.
On dit (mais j'en crois peu la vaine renommée)
Que tu peux dans la plaine aſſembler une armée,
Une troupe auſſi forte, un camp auſſi nombreux
De guerriers ſoudoïés, & d'eſclaves pompeux,
Que nous avons ici de citoyens paiſibles.

ATHAMARE.

Il eſt vrai, j'ai ſous moi des troupes invincibles.
Le dernier des Perſans de ma ſolde honoré
Eſt plus riche & plus grand, & plus conſidéré,
Que tu ne ſaurais l'être aux lieux de ta naiſſance,
Où le ciel vous fit tous égaux par l'indigence.

INDATIRE.

Qui borne ſes deſirs eſt toujours riche aſſez.

ATHAMARE.

Ton cœur ne connaît point les vœux intéreſſés:
Mais la gloire, Indatire?

INDATIRE.

Elle a pour moi des charmes.

ATHAMARE.

Elle habite à ma Cour à l'abri de mes armes;
On ne la trouve point dans le fond des déſerts;
Tu l'obtiens près de moi, tu l'as ſi tu me ſers;
Elle eſt ſous mes drapeaux; viens avec moi t'y rendre.

INDATIRE.

A ſervir ſous un maître on me verrait deſcendre!

ATHAMARE.

Va, l'honneur de ſervir un maître généreux
Qui met un digne prix aux exploits belliqueux,
Vaut mieux que de ramper dans une République
Ingrate en tous les temps & ſouvent tyrannique.
Tu peux prétendre à tout en marchant ſous ma loi.
J'ai, parmi mes guerriers, des Scythes comme toi.

INDATIRE.

Tu n'en as point. Aprends que ces indignes Scythes,

Voiſins de ton pays, ſont loin de nos limites.
Si l'air de tes climats a pu les infecter,
Dans nos heureux cantons il n'a pu ſe porter.
Ces Scythes malheureux ont connu l'avarice;
La fureur d'acquérir corrompit leur juſtice;
Ils n'ont ſu que ſervir; leurs infideles mains
Ont abandonné l'art qui nourrit les humains,
Pour l'art qui les détruit, l'art affreux de la guerre.
Ils ont vendu leur ſang aux maîtres de la terre.
Meilleurs citoyens qu'eux, & plus braves guerriers,
Nous volons aux combats, mais c'eſt pour nos foyers.
Nous ſavons tous mourir, mais c'eſt pour la patrie.
Nul ne vend parmi nous ſon honneur ou ſa vie.
Nous ſerons, ſi tu veux, tes dignes alliés.
Mais on n'a point d'amis alors qu'ils ſont payés.
Aprens à mieux juger de ce peuple équitable,
Egal à toi ſans doute, & non moins reſpectable.

ATHAMARE.

Eleve ta patrie & cherche à la vanter;
C'eſt le recours du faible, on peut le ſuporter.
Ma fierté que permet la grandeur ſouveraine
Ne daigne pas ici lutter contre la tienne. —
Te crois-tu juſte au moins?

INDATIRE.

Oui, je puis m'en flatter.

ATHAMARE.

Rends-moi donc le tréſor que tu viens de m'ôter?

INDATIRE.

A toi!

ATHAMARE.

Rends à ſon maître une de ſes ſujettes

Qu'un indigne destin traîna dans ces retraites ;
Un bien dont nul mortel ne pourra me priver,
Et que sans injustice on ne peut m'enlever.
Rends sur l'heure Obéïde.

INDATIRE.

A ta superbe audace ;
A tes discours altiers, à cet air de menace,
Je veux bien oposer la modération
Que l'univers estime en notre nation.
Obéïde, dis-tu, de toi seul doit dépendre ;
Elle était ta sujette ! oses-tu bien prétendre
Que des droits des mortels on ne jouisse pas,
Dès qu'on a le malheur de naître en tes Etats ?
Le ciel en le créant forma-t-il l'homme esclave ?
La nature qui parle, & que ta fierté brave,
Aura-t-elle à la glêbe attaché les humains,
Comme les vils troupeaux mugissants sous nos mains ?
Que l'homme soit esclave aux champs de la Médie,
Qu'il rampe, j'y consens ; il est libre en Scythie.
Au moment qu'Obéide honora de ses pas
Le tranquile horizon qui borde nos Etats,
La liberté, la paix, qui sont notre apanage,
L'heureuse égalité, les biens du premier âge,
Ces biens que des Persans aux mortels ont ravis,
Ces biens perdus ailleurs, & par nous recueillis,
De la belle Obéide ont été le partage.

ATHAMARE.

* Il en est un plus grand, celui que mon courage
A l'univers entier oserait disputer,
Que tout autre qu'un Roi ne saurait mériter,
Dont tu n'auras jamais qu'une imparfaite idée,
Et dont avec fureur mon ame est possédée,

* Fier & très passionné.

Son amour ; c'eſt le bien qui doit m'appartenir.
A moi ſeul était dû l'honneur de la ſervir.
Oui, je deſcends enfin juſqu'à daigner te dire
Que de ce cœur altier je lui ſoumis l'empire,
Avant que les deſtins euſſent pû t'accorder
L'heureuſe liberté d'oſer la regarder.
Ce tréſor eſt à moi, barbare, il faut le rendre.

INDATIRE.

Imprudent étranger, ce que je viens d'entendre
Excite ma pitié plutôt que mon couroux.
Sa libre volonté m'a choiſi pour époux ;
Ma probité lui plut : elle l'a préférée
Aux recherches, aux vœux de toute ma contrée ;
Et tu viens de la tienne ici redemander
Un cœur indépendant qu'on vient de m'accorder !
O toi qui te crois grand, qui l'es par l'arrogance,
Sors d'un aſyle ſaint de paix & d'innocence,
Fui ; ceſſe de troubler ſi loin de tes états
Des mortels tes égaux qui ne t'offenſent pas.
Tu n'es pas Prince ici.

ATHAMARE.

Ce ſacré caractère
M'accompagne en tous lieux ſans m'être néceſſaire.
Je ſuis homme, on m'outrage, & ce fer me ſuffit
Pour remettre en mes mains le bien qu'on me ravit.
Cède Obéïde, ou meurs, ou m'arrache la vie.

INDATIRE.

Quoi ! nous t'avons en paix reçu dans ma patrie,
Ton accueil nous flattait : notre ſimplicité
N'écoutait que les droits de l'hoſpitalité ;
Et tu veux me forcer dans la même journée
De ſouiller par ta mort un ſi ſaint himenée !

ATHAMARE.

Meurs, te dis-je, ou me tue : — on vient, retire-toi,
Et si tu n'es un lâche.....

INDATIRE.

Ah ! c'en est trop.....

ATHAMARE.

Suis-moi,
Je te fais cet honneur.

(*Il sort.*)

SCENE III.

INDATIRE, HERMODAN, SOZAME, un Scythe.

HERMODAN (*à Indatire qui est près de sortir.*)

Vien, ma main paternelle,
Te remettra, mon fils, ton épouse fidelle.
Vien, le festin t'attend.

INDATIRE.

Bientôt je vous suivrai,
Allez. — O cher objet ! je te mériterai !

Il sort.)

SCENE IV.

HERMODAN, SOZAME, un Scythe.

SOZAME.

Pourquoi ne pas nous ſuivre ? il diffère ! . . .

HERMODAN.

Ah ! Sozame ;
Cher ami, dans quel trouble il a jetté mon ame !
As-tu vû ſur ſon front des ſignes de fureur ?
N'as-tu rien remarqué ?

SOZAME.

Non.

HERMODAN.

Peut-être mon cœur
Conçoit d'un vain danger la crainte imaginaire ;
Mais ſon trouble était grand ; Sozame, je ſuis père.
Si mes yeux par les ans ne ſont point affaiblis,
J'ai cru voir ce Perſan qui menaçait mon fils.

SOZAME.

Tu me fais friſſonner : — avançons ; Athamare
Eſt capable de tout.

HERMODAN.

La faibleſſe s'empare
De mes eſprits glacés ; & mes ſens éperdus
Trahiſſent mon courage : & ne me ſervent plus. —

(*Il s'aſſied en tremblant ſur le banc de gazon.*)

Mon fils ne revient point : --j'entends un bruit horrible.

(Au Scythe qui est auprès de lui.)

Je succombe. — Va, cours, en ce moment terrible,
Cours, assemble au drapeau nos braves combattans.

LE SCYTHE.

Rassure-toi, j'y vole, ils sont prêts en tout temps.

SOZAME *(à Hermodan.)*

Reviens à toi, respire, & calme tes allarmes.

HERMODAN *(se relevant à peine.)*

Oui, j'ai pû me tromper. Oui, je renais.

SCENE V.

HERMODAN, SOZAME, ATHAMARE *(l'épée à la main)*, HIRCAN, Suite.

ATHAMARE.

Aux armes !
Aux armes, compagnons, il est temps, paraissez,
C'en est fait.

HERMODAN *(effrayé & chancelant.)*

Quoi ! barbare...

SOZAME.

O ciel !

ATHAMARE (*à ses gardes.*)

Obéissez,
De sa retraite indigne enlevez Obéïde,
Courez, dis-je, volez : que ma garde intrépide,
(Si quelque audacieux tentait de vains efforts)
Se fasse un chemin prompt dans la foule des morts.
——C'est toi qui l'as voulu, Sozame inexorable.

SOZAME.

J'ai fait ce que j'ai dû.

HERMODAN.

Va, ravisseur coupable,
Infidéle Persan, mon fils saura venger
Le détestable affront dont tu viens nous charger.
Dans ce dessein, Sozame, il nous quittait sans doute.

ATHAMARE.

Indatire ? ton fils ?

HERMODAN.

Oui, lui-même.

ATHAMARE.

Il m'en coute
D'affliger ta vieillesse & de percer ton cœur;
Ton fils eût mérité de servir ma valeur.
Mais il a dû tomber sous la main qui l'immole.
Vieillard, ton fils n'est plus. Que ton cœur se console,
Il est mort en brave homme.

HERMODAN.

Achève tes fureurs,
Achève. —— N'oses-tu ? quoi ! tu gémis, —— je meurs.

Mon fils est mort, ami ! —

(Il tombe sur le banc de gazon.)

ATHAMARE.

Toi, père d'Obéïde,
Auteur de tous mes maux, dont l'âpreté rigide,
Dont le cœur inflexible à ce coup m'a forcé,
Que je chéris encor quand tu m'as offensé,
Il faut dans ce moment la conduire & me suivre :

SOZAME.

Moi ! ma fille !

ATHAMARE.

En ces lieux il t'es honteux de vivre.
Attends mon ordre.

SCENE VI.

SOZAME, HERMODAN.

SOZAME *(se courbant vers Hermodan.)*

O jour de douleur & d'effroi !
Tous mes malheurs, ami, sont retombés sur toi. —
Il m'entend — il me voit — il revient — il soupire —
Hermodan !

HERMODAN *(se relevant avec peine.)*

Mon ami, fais au moins que j'expire
Sur le corps étendu de mon fils expirant !
Que je te doive, ami, cette grace en mourant.
S'il reste quelque force à ta main languissante,

Soutiens d'un malheureux la marche chancelante ;
Viens, lorsque de mon fils j'aurai fermé les yeux,
Dans un même sépulcre enferme nous tous deux.

SOZAME.

Trois amis y seront. La même sépulture
Contiendra notre cendre ; oui, ma bouche le jure.
Athamare après tout, violent, emporté,
A d'un cœur généreux la magnanimité.
Il ne m'enviera pas cette grace dernière. —
Allons, j'entends au loin la trompette guerrière,
Les tambours, les clairons, les cris des combattans.

HERMODAN.

Ah ! l'on venge mon fils. Je retrouve mes sens.
Nos Scythes sont armés.--O Dieux vengeurs des crimes,
Vous combattrez pour nous, vous prendrez vos victimes.
Nous ne mourrons pas seuls.

SCENE VII.

SOZAME, HERMODAN, OBEIDE.

SOZAME.

O ma fille, est ce vous ?

HERMODAN.

Chère Obéïde — hélas !

OBÉÏDE.

Je tombe à vos genoux.
Dans l'horreur du combat avec peine échappée,
A la pointe des dards, au tranchant de l'épée,

Aux ſanguinaires mains de mes fiers raviſſeurs,
Je viens de ces moments augmenter les horreurs.

(*A Hermodan*)

Ton fils vient d'expirer, j'en ſuis la cauſe unique.
De mes calamités l'artiſan tirannique
Nous a tous immolés à ſes tranſports jaloux;
Mon malheureux amant a tué mon époux,
Sous mes yeux, à ma porte, & dans la place même
Où, pour le triſte objet qu'il outrage & qu'il aime,
Pour d'indignes appas toujours perſécutés,
Des flots de ſang humain coulent de tous côtés.
On s'acharne, on combat ſur le corps d'Indatire,
On ſe diſpute encor ſes membres qu'on déchire.
Les Scythes, les Perſans l'un par l'autre égorgés,
Sont vainqueurs & vaincus, & tous meurent vengés.

(*A tous deux.*)

Où voulez-vous aller, & ſans force & ſans armes?
On aurait peu d'égards à votre âge, à vos larmes.
J'ignore du combat quel ſera le deſtin;
Mais je mets ſans trembler mon ſort en votre main.
Si le Scythe ſur moi veut aſſouvir ſa rage,
Il le peut, je l'attends, & je reſte en ôtage.

HERMODAN.

Ah! ſi mon triſte ſort pouvait être adouci,
Il le ſerait par toi.

SOZAME.

Que faiſons-nous ici?
Armons-nous, de notre âge oublions la faibleſſe.
Si les ſens épuiſés manquent à la vieilleſſe,
Le courage demeure, & c'eſt dans un combat
Qu'un vieillard comme moi doit tomber en ſoldat.

HERMODAN.

On nous aporte encor de fatales nouvelles.

SCENE VIII.

SOZAME, HERMODAN, OBEIDE, le Scythe qui a déjà paru.

LE SCYTHE.

Enfin nous l'emportons.

HERMODAN.

Déités immortelles!
Mon fils ferait vengé! N'eft-ce point une erreur!

LE SCYTHE.

Le ciel nous rend juftice, & le Scythe eft vainqueur.
La moitié des Perfans à la mort eft livrée.
L'autre qui fe retire eft partout entourée
Dans la fombre épaiffeur de ces profonds taillis,
Où bientôt, fans retour, ils feront affaillis.

HERMODAN.

De mon malheureux fils le meurtrier barbare
Sérait-il échapé?

LE SCYTHE.

Qui! ce fier Athamare?
Sur nos Scythes mourans qu'a fait tomber fa main,
Epuifé, fans fecours, envelopé foudain,
Il eft couvert de fang, il eft chargé de chaines.

OBÉÏDE.

Lui !

SOZAME.

Je l'avais prévu. — Puissances souveraines,
Princes audacieux, quel exemple pour vous !

HERMODAN.

De ce cruel enfin nous serons vengés tous.
Nos loix, nos justes loix seront exécutées.

OBÉÏDE

Ciel ! ... Quelles sont ces loix ?

HERMODAN.

Les Dieux les ont dictées.

SOZAME. (*à part*)

O comble de douleur & de nouveaux ennuis !

OBÉÏDE. (*à Hermodan.*)

— Mais enfin, les Persans ne sont pas tous détruits,
On verrait Ecbatane en secourant son maître,
Du poids de sa grandeur vous accabler peut-être.

HERMODAN.

Ne crain rien : — Toi jeune homme, & vous braves guerriers,
Préparez votre autel entouré de lauriers.

OBÉÏDE.

Mon pere ! ...

HERMODAN.

Il faut hâter ce juste sacrifice.
Mânes de mon cher fils ! que ton ombre en jouisse !

Et toi qui fus l'objet de ſes chaſtes amours,
Qui fus ma fille chère, & le ſeras toujours,
Qui de ta piété filiale & ſincère
N'a jamais altéré le ſacré caractère,
Nous t'aprendrons bientot ce qu'une auſtère loi
Attend de mon pays & demande de toi.

(*Il ſort*)

OBÉÏDE.

Où ſuis-je! qu'a-t-il dit! où me vois-je réduite!

SOZAME.

Dans quel abîme affreux hélas! t'ai-je conduite!
Vien, je t'expliquerai ce miſtère odieux.

OBÉÏDE.

Je n'oſe le prévoir: —— je détourne les yeux.

SOZAME.

Je frémis comme toi, je ne puis m'en defendre.

OBÉÏDE.

Ah! laiſſez-moi mourir, Seigneur, ſans vous entendre!

ACTE V.

SCENE PREMIERE.

OBEIDE, SOZAME, HERMODAN, troupe de Scythes armés de javelots. *On apporte un autel couvert d'un crêpe & entouré de lauriers. Un Scythe met un glaive sur l'autel.*

OBEIDE (*entre Sozame & Hermodan.*)

Vous vous taisez tous deux: craignez-vous de me dire
Ce qu'à mes sens glacés votre loi doit prescrire?
Quel est cet apareil terrible & solemnel?

SOZAME.

Ma fille — il faut parler — voici le même autel
Que le Soleil naissant vit dans cette journée,
Orné de fleurs par moi pour ton saint himenée,
Et voit d'un crêpe affreux couvert à son couchant.

HERMODAN.

As-tu chéri mon fils?

OBEIDE.

Un vertueux penchant,
Mon amitié pour toi, mon respect pour Sozame,
Et mon devoir surtout, souverain de mon ame,

M'ont rendu cher ton fils : — mon sort suivait son sort ;
J'honore sa mémoire ; & j'ai pleuré sa mort.

HERMODAN.

L'inviolable loi qui régit ma patrie,
Veut que de son époux une femme chérie,
Ait le suprême honneur de lui sacrifier,
En présence des Dieux, le sang du meurtrier ;
Que l'autel de l'hymen soit l'autel des vengeances ;
Que du glaive sacré qui punit les offenses,
Elle arme sa main pure, & traverse le cœur,
Le cœur du criminel qui ravit son bonheur.
Le ciel t'a reservé ce sacré ministère. —

OBEIDE.

Moi ! — je dois vous venger !

HERMODAN.

Oui, ma fille !

OBEIDE.

Ah ! mon père !...

SOZAME.

Où sommes-nous réduits !

OBEIDE.

Peuple, écoutez ma voix. —
Je pourrais ajouter, ſans offenſer vos loix,
Que je naquis en Perſe, & que ces loix ſévères
Sont faites pour vous ſeuls, & me ſont étrangères.
Qu'Athamare eſt trop grand pour être un aſſaſſin.
Et que ſi mon époux eſt tombé ſous ſa main,
Son rival oppoſa ſans aucun avantage
Le glaive ſeul au glaive, & l'audace au courage;
Que de deux combattans d'une égale valeur
L'un tue & l'autre expire avec le même honneur.
Peuples qui connaiſſez le prix de la vaillance,
Vous aimez la juſtice ainſi que la vengeance,
Commandez, mais jugez: voyez ſi c'eſt à moi
D'immoler un guerrier qui dût être mon Roi.

UN SCYTHE.

Si tu n'oſes frapper, ſi ta main trop timide
Héſite à nous donner le ſang de l'homicide,
Il meurt dans des tourmens pires que le trépas.
Tu connais trop nos mœurs, & nous n'héſitons pas.

OBEIDE.

Et ſi je hais vos mœurs, & ſi je vous refuſe!

HERMODAN.

L'hymen t'a fait ma fille, & tu n'as point d'excuſe ;
Il n'en mourra pas moins, tu vivras ſans honneur.

LE SCYTHE.

D'un peuple qui t'aima tu deviendras l'horreur.

OBEIDE.

Il vous faut de ma main cette grande victime !

HERMODAN.

Tremble de rejetter un droit ſi légitime.

OBEIDE.

— Je l'accepte !

SOZAME.

Ah ! grands Dieux !

LE SCYTHE.

Devantl es Immortels
En fais-tu le ſerment ?

OBEIDE.

Je le jure, cruels.
Je le jure, Hermodan. Tu demandes vengeance,
Sois-en ſûr, tu l'auras : — mais que de ma préſence
On ait ſoin de tenir le captif écarté,
Juſqu'au moment fatal par mon ordre arrêté.
Qu'on me laiſſe en ces lieux m'expliquer à mon père ;
Et vous verrez après ce qui vous reſte à faire.

UN SCYTHE.

(*Après avoir regardé tous ſes compagnons.*)
Nous y conſentons tous.

HERMODAN.

La veuve de mon fils
Se déclare soumise aux loix de mon pays;
Et ma douleur profonde est un peu soulagée,
Si par ses nobles mains cette mort est vengée.
Amis, retirons-nous.

OBEIDE.

A ces autels sanglants
Je vous rappellerai quand il en sera tems.

SCENE II.

SOZAME, OBEIDE.

OBEIDE.

Eh bien, qu'ordonnez-vous?

SOZAME.

Il fut un tems peut-être
Où le plaisir affreux de me venger d'un maître
Dans le cœur d'Athamare aurait conduit ta main,
De son monarque ingrat, j'aurais percé le sein,
Ils le méritaient trop. Ma vengeance lassée
Contre les malheureux ne peut être exercée,
Tous mes ressentimens sont changés en regrets.

OBÉÏDE.

Avez-vous bien connu mes sentimens secrets?
Dans le fond de mon cœur avez-vous daigné lire?

SOZAME.

SOZAME.

Mes yeux t'ont vu pleurer sur le sang d'Indatire ;
Mais je pleure sur toi dans ce moment cruel.
J'abhorre tes sermens.

OBÉÏDE.

Vous voyez cet autel,
Ce glaive dont ma main doit frapper Athamare ;
Vous savez quels tourmens un refus lui prépare.
Après ce coup terrible, — & qu'il me faut porter,
Parlez : — sur son tombeau voulez-vous habiter ?

SOZAME.

J'y veux mourir.

OBÉÏDE.

Vivez, aïez-en le courage ;
Les Persans, croyez-moi, vengeront leur outrage.
Les enfans d'Ecbatane, en ces lieux détestés
Descendront du Taurus à pas précipités.
Les grossiers habitans de ces climats horribles
Sont cruels, il est vrai, mais non pas invincibles.
A ces tigres armés voulez-vous annoncer
Qu'au fond de leur repaire on pourrait les forcer ?

SOZAME.

On en parle déjà ; les esprits les plus sages
Voudraient de leur patrie écarter ces orages.

OBÉÏDE.

Achevez donc, Seigneur, de les persuader.
Qu'ils méritent le sang qu'ils osent demander.
Et tandis que ce sang de l'offrande immolée
Baignera sous vos yeux leur féroce assemblée,

Que nos concitoyens ſoient mis en liberté,
Et repaſſent les monts ſur la foi d'un traité.

SOZAME.

Je l'obtiendrai, ma fille, & j'oſe t'en répondre.
Mais ce traité ſanglant ne ſert qu'à nous confondre.
De quoi t'auront ſervi ta prière & mes ſoins?
Athamare à l'autel en périra-t-il moins!
Les Perſans ne viendront que pour venger ſa cendre,
Ce ſang de tant de Rois que ta main va répandre,
Ce ſang que j'ai haï, mais que j'ai révéré,
Qui coupable envers nous n'en eſt pas moins ſacré.

OBÉÏDE.

Il l'eſt : -mais je ſuis Scythe,-& le fus pour vous plaire.
Le climat quelquefois change le caractère.

SOZAME.

Ma fille !

OBÉÏDE.

C'eſt aſſez, Seigneur, j'ai tout prévu.
J'ai peſé mes deſtins ; & tout eſt réſolu.
Une invincible loi me tient ſous ſon empire.
La victime eſt promiſe au père d'Indatire ;
Je tiendrai ma parole : —— allez, il vous attend,
Qu'il me garde la ſienne ; —— il ſera trop content.

SOZAME.

Tu me glaces d'horreur.

OBÉÏDE.

Allez, je la partage.
Seigneur, le tems eſt cher, achevez votre ouvrage ;
Laiſſez-moi m'affermir : mais ſur-tout obtenez
Un traité néceſſaire à ces infortunés.

Vous prétendez qu'au moins ce peuple impitoyable
Sait garder une foi toujours inviolable.
Je vous en crois : --le reste est dans la main des Dieux.

SOZAME.

Ils ne présagent rien qui ne soit odieux :
Tout est horrible ici. Ma faible voix encore
Tentera d'écarter ce que mon cœur abhorre.
Mais après tant de maux, mon courage est vaincu.
Quoi qu'il puisse arriver ; ton père a trop vécu.

SCENE III.

OBÉÏDE *seule.*

AH ! c'est trop étouffer la fureur qui m'agite.
Tant de ménagement me déchire & m'irrite ;
Mon malheur vint toujours de me trop captiver
Sous d'inhumaines loix que j'aurais dû braver.
Je mis un trop haut prix à l'estime, au reproche ;
Je fus esclave assez : — ma liberté s'approche.

SCENE IV.

OBEIDE, SULMA.

OBEÏDE.

ENfin je te revois.

SULMA.

Grands Dieux ! que j'ai tremblé,

Lorſque diſparaiſſant à mon œil déſolé,
Vous aviez traverſé cette foule ſanglante,
Vous affrontiez la mort de tous côtés préſente ;
Des flots de ſang humain roulaient entre nous deux.
Quel jour ! quel himénée ! & quel ſort rigoureux !

OBÉÏDE.

Tu verras un ſpectacle encor plus effroyable.

SULMA.

Ciel ! on m'aurait dit vrai !--quoi ! votre main coupable
Immolerait l'amant que vous avez aimé,
Pour ſatisfaire un peuple à ſa perte animé !

OBÉÏDE.

Moi ! complaire à ce peuple, aux monſtres de Scythie,
A ces brutes humains pêtris de barbarie ;
A ces ames de fer, & dont la dureté
Paſſa longtems chez nous pour noble fermeté,
Dont on chérit de loin l'égalité paiſible,
Et chez qui je ne vois qu'un orgueil inflexible,
Une atrocité morne, & qui ſans s'émouvoir,
Croit dans le ſang humain ſe baigner par devoir.—
J'ai fui pour ces ingrats la cour la plus auguſte,
Un peuple doux, poli, quelquefois trop injuſte,
Mais généreux, ſenſible, & ſi prompt à ſortir
De ſes iniquités par un beau repentir !
Qui ? moi ! complaire au Scythe ! -- ô nations ! ô terre !
O Rois qu'il outragea ! Dieux maîtres du tonnerre !
Dieux témoins de l'horreur où l'on m'oſe entraîner,
Uniſſez-vous à moi, mais pour l'exterminer !
Puiſſe leur liberté préparant leur ruine,
Allumant la diſcorde & la guerre inteſtine,
Acharnant les époux, les pères, les enfans,
L'un ſur l'autre entaſſés, l'un par l'autre expirans ;

Sous des monceaux de morts avec eux disparaître !
Que le reste en tremblant rugisse aux pieds d'un maître.
Que rempant dans la poudre au bord de leur cercueil,
Pour être mieux punis ils gardent leur orgueil ;
Et qu'en mordant le frein du plus lâche esclavage,
Ils vivent dans l'opprobre, & meurent dans la rage !
— Où vais-je m'emporter ! vains regrets ! vains éclats !
Les imprécations ne nous secourent pas.
C'est moi qui suis esclave, & qui suis asservie
Aux plus durs des tyrans abhorrés dans l'Asie.

SULMA.

Vous n'êtes point réduite à la nécessité
De servir d'instrument à leur férocité.

OBEIDE.

Si j'avais refusé ce ministère horrible,
Athamare expirait d'une mort plus terrible.

SULMA.

Mais cet amour secret qui vous parle pour lui ?

OBEIDE.

Il m'a parlé toujours ; & s'il faut aujourd'hui
Exposer à tes yeux l'effroyable étendue,
La hauteur de l'abîme où je suis descendue,
J'adorais Athamare avant de le revoir.
Il ne vient que pour moi plein d'amour & d'espoir ;
Pour prix d'un seul regard il m'offre un diadême ;
Il met tout à mes pieds : & tandis que moi-même
J'aurais voulu, Sulma, mettre le monde aux siens ;
Quand l'excès de ses feux n'égale pas les miens,
Lorsque je l'idolâtre, il faudra qu'Obéide
Plonge au sein d'Athamare un couteau parricide !

SULMA.

C'eſt un crime ſi grand, que ces Scythes cruels,
Qui du ſang des humains arroſent les autels,
S'ils connaiſſaient l'amour qui vous a conſumée,
Eux-mêmes arrêteraient la main qu'ils ont armée.

OBEIDE.

Non, ils la conduiraient dans ce cœur adoré,
Ils l'y tiendraient ſanglante, & du glaive ſacré
Ils tourneraient l'acier enfoncé dans ſes veines.

SULMA.

Se peut-il!....

OBEIDE.

Telles ſont leurs ames inhumaines;
Tel eſt l'homme ſauvage à lui-même laiſſé;
Il eſt ſimple, il eſt bon, s'il n'eſt point offenſé.
Sa vengeance eſt ſans borne.

SULMA.

Et ce malheureux père
Qui creuſa ſous vos pas ce gouffre de miſère,
Au père d'Indatire uni par l'amitié,
Conſulté des vieillards, avec eux ſi lié,
Peut-il bien ſeulement ſupporter qu'on propoſe
L'horrible extrémité dont lui-même il eſt cauſe?

OBEIDE.

Il fait beaucoup pour moi. J'oſe même eſpérer,
Des douleurs dont j'ai vû ſon cœur ſe déchirer,
Que ſes pleurs obtiendront de ce Sénat agreſte
Des adouciſſemens à leur arrêt funeſte.

SULMA.

Ah! vous rendez la vie à mes ſens effrayés!
Je vous haïrais trop ſi vous obéïſſiez.

Le ciel ne verra point ce ſanglant ſacrifice.

OBEIDE.

Sulma !....

SULMA.

Vous frémiſſez.

OBEIDE.

—Il faut qu'il s'accompliſſe.

SCENE V.

OBEIDE, SULMA, SOZAME, HERMODAN, Scythes armés, *rangés au fond en demi-cercle, près de l'autel.*

SOZAME.

Ma fille, hélas, du moins nos Perſans aſſiégés
Des piéges de la mort ſeront tous dégagés.

HERMODAN.

Des mânes de mon fils la victime attendue
Suffit à ma vengeance autant qu'elle m'eſt due.

(*à Obéide.*)

De ce peuple, croi-moi, l'inflexible équité
Sait joindre la clémence à la ſévérité.

UN SCYTHE.

Et la loi des ſermens eſt une loi ſuprême,
Auſſi chère à nos cœurs que la vengeance même.

OBEIDE.

C'eſt aſſez ; je vous crois. Vous avez donc juré
Que de tous les Perſans le ſang ſera ſacré,
Si-tôt que cette main remplira vos vengeances.

HERMODAN.

Tous ſeront épargnés. Les céleſtes puiſſances
N'ont jamais vu de Scythe oſer trahir ſa foi.

OBEIDE.

Qu'Athamare à-préſent paraiſſe devant moi.

(*On amène Athamare enchaîné ; Obéide ſe place entre lui & Hermodan.*)

HERMODAN.

Qu'on le traîne à l'autel.

SULMA.

Ah ! Dieux !

ATHAMARE.

Chère Obéide !
Prends ce fer, ne crains rien : que ton bras homicide
Frappe un cœur à toi ſeule en tout tems réſervé,
On y verra ton nom que l'amour a gravé.
De tous mes compagnons tu conſerves la vie ;
Tu me donnes la mort ; c'eſt toute mon envie.
Graces aux immortels tous mes vœux ſont remplis ;
Je meurs pour Obéide, & meurs pour mon pays.
Raſſure cette main qui tremble à mon approche ;
Ne crains en m'immolant que le juſte reproche
Que les Scythes feraient à ta timidité,
S'ils voyaient ce que j'aime agir ſans fermeté,
Si ta main, ſi tes yeux, ſi ton cœur qui s'égare,
S'effrayaient un moment en frappant Athamare.

SOZAME.

Ah, ma fille!...

SULMA.

Ah! Madame....

OBEIDE.

O Scyhtes inhumains!
Connaissez dans quel sang vous enfoncez vos mains.
Athamare est mon Prince; il est plus, — je l'adore;
Je l'aimai seul au monde, — & ce moment encore
Porte au plus grand excès dans ce cœur enivré
L'amour, le tendre amour dont il fut dévoré.

ATHAMARE.

Je meurs heureux.

OBEIDE.

L'himen, cet himen que j'abjure
Dans un sang criminel doit laver son injure. —

(*Levant le glaive entr'elle & Athamare.*)

Vous jurez d'épargner tous mes concitoyens: —
Il l'est; — sauvez ses jours, — l'amour finit les miens.

(*Elle se frappe.*)

Vis, mon cher Athamare, en mourant je l'ordonne.

(*Elle tombe à mi-corps sur l'autel.*)

HERMODAN.

Obéïde!

SOZAME.

O mon sang!

ATHAMARE.

La force m'abandonne;

Mais il m'en reste assez pour me rejoindre à toi,
Chère Obéïde !

(*il veut saisir le fer.*)

LE SCYTHE.

Arrête, & respecte la loi.
Ce fer serait souillé par des mains étrangères.

(*Athamare tombe sur l'autel.*)

HERMODAN.

Dieux ! vîtes-vous jamais deux plus malheureux pères !

SOZAME (*à Athamare.*)

Dieux ! de tous mes tourmens vous achevez le cours ;
Tu dois vivre, Athamare, & j'ai payé tes jours.
Auteur infortuné des maux de ma famille,
Ensevelis du moins le père avec la fille.
Va régner : malheureux !

HERMODAN.

Soumettons-nous au sort :
Soumettons-nous au ciel arbitre de la mort. —
Nous sommes trop vengés par un tel sacrifice,
Scythes, que la pitié succède à la justice.

Fin de la Tragédie.

APPROBATION.

J'AI lu, par ordre de Monseigneur le Vice-Chancelier, *les Scythes*, Tragédie, par M. de Voltaire, & je crois qu'on peut en permettre l'impression. A Paris, ce 21 Mars 1767. MARIN.

AVIS AU LECTEUR.

L'Auteur est obligé d'avertir que la plûpart de ses Tragédies imprimées à Paris, chez Duchêne, au Temple du Goût, en 1764, avec Privilege du Roi, ne sont point du tout conformes à l'Original. Il ne sait pas pourquoi le Libraire a obtenu un Privilege sans le consulter. Le Roi ne lui a certainement pas donné le privilege de défigurer des Pieces de Théâtre & de s'emparer du bien d'autrui pour le dénaturer.

Dans la Tragédie d'Oreste, le Libraire du Temple du Goût finit la Piece par ces deux vers de Pilade :

Que l'amitié triomphe en tous temps, en tous lieux,
Des malheurs des mortels & des crimes des Dieux.

Ce blasphême est d'autant plus ridicule dans la bouche de Pilade, que c'est un Personnage religieux qui a toujours recommandé à son ami Oreste d'obéir aveuglément aux ordres de la Divinité. *Dans toutes les autres Editions on lit :* Et du couroux des Dieux.

On ne conçoit pas comment, dans la même Tragédie, l'Editeur a pu imprimer (page 237).

Je la mets dans vos fers, elle va vous servir.
C'est m'acquitter vers vous bien moins que la punir.
Vous laissez cette cendre à mon juste couroux, &c.

Qui jamais a pu imaginer de mettre ainsi quatre rimes masculines de suite, & de violer si grossiérement les premieres regles de la Poësie Française ? Il y a plus encore. Le sens est perverti. Il y a six Vers nécessaires d'oubliés. Il se peut qu'un Comédien, pour avoir plutôt fait, ait écourté & gâté son rôle. Un Libraire ignorant achete une mauvaise copie du Souffleur de la Comédie, & au lieu de suivre l'édition de Genève qui est fidele, il imprime un ouvrage entiérement méconnaissable.

La même sottise se trouve dans la Tragédie de Brutus, page 282.

Je plains tant de vertus, tant d'amour & de charmes.
Un cœur tel que le sien méritait d'être à vous.
Abominables loix que la cruelle impose!

Peut-on présenter aux Lecteurs un pareil galimatias & voler ainsi leur argent? Il y a ici trois vers d'oubliés. Telle est la négligence de quelques Libraires. Ils n'ont ni assez d'intelligence pour comprendre ce qu'ils impriment, ni assez d'honnêteté pour payer un Correcteur d'Imprimerie. Pourvu qu'ils vendent leur marchandise, ils sont contents. Mais bientôt leur mauvaise conduite est découverte, & leurs misérables éditions décriées restent dans leurs boutiques pour leur ruine.

Tancrede est imprimé beaucoup plus infidélement. L'Auteur est obligé de déclarer qu'il y a dans cette piece beaucoup de vers qu'il n'a jamais ni fait, ni pu faire, comme ceux-ci par exemple :

Voyant tomber leur chef, les Maures *furieux*
L'ont accablé de traits dans *leur rage cruelle*.

L'Orphelin de la Chine n'est pas moins défiguré. On ne trouve point dans l'édition de Duchêne ces quatre vers que dit Gengiskan, & qui sont dans toutes les éditions.

Gardez de mutiler tous ces grands monumens,
Ces prodiges des arts consacrés par les temps;
Respectez-les; ils sont le prix de mon courage.
Qu'on cesse de livrer aux flammes, au pillage,
Ces archives de loix, ce long amas d'écrits,
Tous ces fruits du génie, objets de vos mépris.
Si l'erreur les dicta, cette erreur m'est utile;
Elle occupe ce peuple, & le rend plus docile.

Ce discours est très convenable dans la bouche d'un Prince sage, qui parle à des Tartares ennemis des loix & de la sienne.

Voici ce que l'éditeur a mis à la place :

Cessez de mutiler tous ces grands monumens
Echappés aux *fureurs des flammes, du pillage.*

Toute la fin de la tragédie de Zulime est ridiculement altérée. Une fille qui a trahi, outragé, attaqué son père, qui sent tous ses crimes, & qui s'en punit, à qui son père pardonne, & qui s'écrie dans son désespoir, *J'en suis indigne,* doit faire un grand effet ! On a tronqué & altéré cette fin, & on finit la pièce par une phrase qui n'est pas même achevée. Les vers impertinens qu'on a mis dans Olimpie, sont dignes d'une telle édition. En voici un qui me tombe sous la main.

Ne viens point, malheureux, par différents efforts.

En un mot, l'Auteur doit pour l'honneur de l'art, encore plus que pour sa propre justification, précautionner le lecteur contre cette édition de Duchêne, qui n'est qu'un tissu de fautes & de falsifications. Il n'est paspermis de s'emparer des ouvrages d'un homme, de son vivant, pour les rendre ridicules. On a pris à tache de gâter les expressions, de substituer des liaisons à des Scènes plus impertinemment tronquées. Cette manœuvre a été poussée à un tel excès, que les Comédiens de Province eux-mêmes, révoltés contre la licence & le mauvais goût qui défiguraient la tragédie d'Olimpie, n'ont jamais voulu la jouer comme on l'a représentée à Paris.

Ce n'est pas assez d'être parvenu à corrompre presque tous les ouvrages qu'un homme a composés pendant plus de cinquante années : tantôt on publie sous son nom de prétendues *lettres secrettes* ; tantôt ce sont des lettres à ſes *amis du Parnaſſe*, qu'on fabrique en Hollande ou dans Avignon ; & puis c'eſt ſon *porte-feuille retrouvé*, que perſonne ne voudrait ramaſſer. Granger le Libraire met ſon nom hardiment à un tome de Mélanges ; un ex-Jéſuite lui attribue des livres ridicules, & écrit contre ces livres un libelle beaucoup plus ridicule encore ; & tout cela ſe vend à des provinciaux & à des étrangers, qui croient acheter ce qu'il y a de plus intéreſſant dans la littérature Françaiſe. Il eſt vrai que toutes ces impertinences tombent & meurent, comme des inſectes éphémères. Mais ces inſectes ſe reproduiſent toutes les années. Rien n'eſt plus aiſé à faire qu'un mauvais livre, ſi ce n'eſt une mauvaiſe critique. La baſſe littérature inonde une partie de l'Europe. Le goût ſe corrompt tous les jours. Il en eſt à peu près de l'art d'écrire, comme de celui de la déclamation. Il y a plus de ſix cens Comédiens Français répandus dans l'Europe, & à peine deux ou trois qui aient reçu de la nature les dons néceſſaires, & qui aient pu approfondir leur art. Combien avons-nous d'écrivains qui à peine ſavent leur langue, & qui commencent par dire leurs avis ſur les arts qu'ils n'ont jamais pratiqués, ſur l'agriculture ſans avoir poſſédé un champ, ſur le miniſtère ſans être jamais entrés dans le bureau d'un Commis ; ſur l'art de gouverner ſans avoir pu ſeulement gouverner leur ſervante ? Combien s'érigent en critiques, qui n'ont jamais pu produire d'eux-mêmes un ouvrage ſuportable ; qui parlent de poéſie, & qui ne ſavent pas ſeulement la meſure d'un vers ? Combien enfin deviennent calomniateurs de profeſſion, pour avoir du pain ; & qui vendent des injures à tant la feuille ?

www.ingramcontent.com/pod-product-compliance
Lightning Source LLC
LaVergne TN
LVHW050540100826
845148LV00002B/626

* 9 7 8 2 0 1 2 1 8 2 7 4 5 *